当我们谈论三十六计时，我们在谈论什么？

郭文静 著

打草惊蛇

顺手牵羊

隔岸观火

中国文联出版社
http://www.clapnet.cn

图书在版编目（CIP）数据

当我们谈论《三十六计》时，我们在谈论什么？ /
郭文静著 . —— 北京：中国文联出版社，2015.8
ISBN 978-7-5190-0312-8

Ⅰ . ①当… Ⅱ . ①郭… Ⅲ . ①兵法 – 中国 – 古代②《
三十六计》– 研究 Ⅳ . ① E892.2

中国版本图书馆 CIP 数据核字 (2015) 第 217171 号

当我们谈论三十六计时，我们在谈论什么？

著　者：郭　文　静

出 版 人：朱　　庆

终 审 人：奚 耀 华　　　　　复 审 人：周 劲 松

责任编辑：曹 艺 凡　　　　　责任校对：夏 小 晴

封面设计：钟　　原　　　　　责任印制：陈　　晨

出版发行：中国文联出版社

地　址：北京市朝阳区农展馆南里 10 号，100125

电　话：010-65389147（咨询）65067803（发行）65389150（邮购）

传　真：010-65933115（总编室），010-65033859（发行部）

网　址：http://www.clapnet.cn

E－mail：clap@clapnet.cn　　caoyf@clapnet.cn

印　刷：重庆市白合印刷厂

装　订：重庆市白合印刷厂

法律顾问：北京市天驰洪范律师事务所徐波律师

本书如有破损、缺页、装订错误，请与本社联系调换

开　本：890×1240　1/32

字　数：110 千字　印张：7.125

版　次：2015 年 12 月第 1 版　印次：2015 年 12 月第 1 次印刷

书　号：ISBN 978-7-5190-0312-8

定　价：29.80 元

目录

前言

　　说起《三十六计》一书，大家头脑中显现的标签就是"兵法"、"遗产"、"传统文化"，而更多的人对这本书不甚了解，单单熟悉"三十六计走为上计"的口头禅。《三十六计》又称"三十六策"或"檀公三十六策"，相传是南朝宋将檀道济跟随刘裕四处征战、戎马半生之后总结出的战斗经验。檀道济并没有将这些战斗经验整理成书，对于"三十六策"的说法，我们能看到的最早史料也就是《南齐书·王敬则传》，其中王敬则只是随口说了一句"檀公三十六策，走为上计"，意为败局已定，无可挽回，唯有战略性撤退才是正确的选择。此后，"三十六计走为上计"被后人争相引用，从而深深烙在中国人的文化骨髓里。到了明末清初，这句话几乎无人不知，无人不晓。在出版业得到长足发展的明清时期，有位好事者闲得蛋疼，"采集群书"，整理出版了《三十六计》。今天我们所能看到的《三十六计》，很大程度上就是根据明清时期的版本发展而来。

说实话，明清时期不愧是中国小说史上的繁荣期，意淫能力让人表示很膜拜。对于檀道济的三十六策，除了军事家王敬则引用了一句"三十六策走为上计"外，其他的计谋在史料中难觅踪影，不知这好事者是从哪些"群书"中采集而来？答案只有一个，意淫！但凡询问度娘或是搜狗，又或者查阅相关书籍，都能得到这样一个信息：此书成书于明清时期，但为何时何人所撰已难确考。因此，笔者个人主观地认为，我们所能看到的《三十六计》，不过是在一个不以战乱为主导的时代背景下，由好事者根据所能参阅的其他兵书意淫出来的"兵法大全"。

再次熟读《三十六计》的内容，又一次让笔者膜拜好事者的编撰能力。该书共分六章，每章六计，合计三十六计。前三章是处于优势所用的计，后三章是处于劣势所用的计，貌似体系严密。然而，它严重颠覆了我的三观，因为我至今没有理清楚很多计谋之间的关系，咋一看，貌似双胞胎，又貌似一体多面，总感觉好事者在诸多备选项目中评选计谋三十六强时黑幕重重，不够专业，缺乏严谨。他辛苦凑出的三十六计，在笔者看来，四个字足以概括，那就是"流氓哲学"。这货在丰富多彩的计谋背后所传递的价值观，就是为达目的，无节操无下限地玩手段耍阴谋。换言之，它为大家干坏事提供了一种行之有效的方法论，即坑蒙拐骗。

然而，这样一本来历不详、以宣传流氓生存智慧为主要目的的书籍，竟成了当下人民群众眼中不可多得的至宝，人们把它当成宝贵的传统文化遗产，争先学习，唯恐不入其门。纵观中国图书市场，少儿版、青少年版、成人版……应有尽有，甚至有人对它加以升华再创造，出版了商战三十六计、恋爱三十六计、谈判三十六计、讨债三十六计、职场三十六计、经营管理三十六计……种类繁多，琳琅满目，让人目不暇接，眼花缭乱。甚至还有大神亲身实践，以坑人为乐，还美其名曰是在传承传统文化遗产。

面对古代先贤留给我们的宝贵遗产，取其精华弃其糟粕是我们的共识，如今人们对《三十六计》的盲目崇拜让笔者决定冒天下之大不韪，提出自己的一些阅读感言，以供商榷。个人对《三十六计》表示很鄙视，从残酷的战争角度看，它的始祖檀公三十六策算是值得学习的兵法经验，但成书于明清时期的《三十六计》不过是好事者从《孙子兵法》、《六韬三略》、《周易》等古代典籍中抄袭思想、意淫内容而来，它并没有大规模地经过战争的洗礼。再从和平发展为主导的今天来看，将这货的影响力扩大到各行各业让人表示很不解。现在的社会不是战乱不堪的残酷年代，社会的发展必然走向民主科学。社会和谐发展的基础就是法律与道德两大规范。法律是硬实力，强行约束大家，道德是软实力，在精神高地上教育大家，二者缺一不可。然而仔细品读《三十六计》会发现，其中传递的负能量与法律体系的完善、道德规范的建构格格不入。当人们利用计谋谋取一己私利时，已经在法律与道德的身上划了一道深深的伤口，久久不能愈合。

法律是一个国家稳定发展的基石，然而，中国人笃信"关系"、"人情"，骨子里总是希望自己可以凌驾于法律与规范之上，很多人总会不经意地显摆自己的关系，也总在违法的道路上前赴后继，轻而易举地踏入同一条河流，除了对法律的不知悉，更深层地原因在于观念上对法律的不尊重。他们坚信，法律不外乎人情，关系能摆平一切。这是何其短浅的目光，你能用关系摆平一件又一件事情，总有一天，你也会被更强的关系摆平。关系这玩意儿，没有最硬，只有更硬。轻视法律的结果，只会让整个社会失去法律的保驾护航。社会的确无处不人情，无处不关系，但是，不尊重法律，不按规律办事，得瑟地凌驾于规范之上，早晚会深刻地体会法不容情的残酷。

道德且不言语。在一个不断刷新下限的时代，谈道德只会让自己被贴上"老学究"的标签，然后在新时代人类的鄙视中各种凌乱。一个社会的道德素质高是多么美好的一件事，社会和谐，路不拾遗，人们互帮互助……这怕是自老子、孟子以来中国人对美好社会的定义。而如今，无论是在国人眼中，还是在友邦眼中，中国人貌似成了道德素质低下的典型代表。尤其是从晚晴一直到今天，几百年过去了，几代人过去了，神州大地好歹也发生了翻天覆地的变化，但是，中国人的道德素质还是让人表示很捉急。

不禁反思，为什么我们的法律道德观念建设如此举步维艰？我不敢贸然断定是何种原因造就了这一切，但是，窃以为，以"坑蒙拐骗"为内核的《三十六计》绝不是促进法律道德观念建设的宝贝，反而是阻碍人们学会尊重法律、提升道德素质的畔脚石。

笔者在整理该书前后，曾与不少朋友讨论过《三十六计》，无论读过或是没读过，很多人都坚定地表示计谋这种东西，于我们的生活是有利的，无关流氓下作，关键在于施行者的用心是善是恶。对此，笔者表示不敢苟同，并对大多数人对流氓行为的无知无觉、见怪不怪表示很痛心。依照这种观念，用非正义的程序弄死杀人凶手算是正义？用坑蒙拐骗的手段嫁祸坏人算是活雷锋？……那么，谁能保证执法者一定不会把无辜的你一不小心当成坏人或是杀人凶手搞定！

在我看来，唯有公平公正的法律体系才能保护所有人的合法权益，包括坏人，当法律没有充分的证据裁定他是坏人，就没有人可以用手段弄死他。用非法手段做好事，用下作方式学雷锋，绝对不合乎当下社会的生存法则。

第一章　胜战计

处于上风别得意

第 1 计 瞒天过海
这也是个技术活儿

计谋指数：★★★★☆
常用指数：★★★★★
江湖指数：★★★★☆

开篇第一计"瞒天过海"相当高端洋气，简单来说，就是告诉广大学徒，骗人是一项技术活儿，高级骗术可以给对方营造一个真实的假象，让人在迷醉中傻傻分不清楚。具体怎么操作呢？先来瞅瞅瞒天过海的来源。

大唐贞观年间，中国在国际上很有话语权，堪比今天的美国，李世民看谁不惯就揍谁，从不需要给"联合国"打招呼。当时，东北边上有一个国家叫高句丽，他们的老大招惹了李世民，就是现在号召解放全人类的那谁谁的祖先。李世民亲自带兵三十万开赴东北。大军浩浩荡荡到了辽河边上，与高句丽隔河相望，李世民一看那横无际涯的河水就犯难了，将士大多是北方人，不谙水性，还晕船，一上船就跟喝了半斤八两似的，强行渡河实在是自取灭亡。

正在大家急得团团转的时候，李世民的一个手下张士贵报告说有一此地富豪求见，想要捐赠行军粮草，跟谁过不去也不能跟钱过不去，所以李世民很高兴地接见了富豪，富豪邀请太宗带领全军将士到家里宴饮，再看看粮草。实际上，这富豪是小士兵薛仁贵伪装的，他想到一个过河的好点子，告诉了张士贵，跟张士贵暗中演了这场好戏。

这富豪的"豪宅"坐落在辽河边，上千间房屋用上好的锦缎遮盖着，好不气派！房中到处是绣幔彩锦，茵褥铺地，好不奢华！桌子上摆满了各类山珍海味，富豪邀请太宗入座，太宗带着侍从官员不客气地坐下，一时激动就喝高了。过了会儿，太宗发现隐隐不妥，好像整个房屋都在摇晃，屋外也传来阴风怒号的声音……他命人打开帷幔，发现大家都糊里糊涂地坐着大船，喝着小酒荡漾在辽河上。找来张士贵一问，才知道大军即将度过辽河，这便是他们想出的渡河妙计。

瞒天过海的本质就是欺骗，成功的要诀就是高超的演技。薛仁贵是贫农出生，穷得饭都吃不饱，在老婆的怂恿下参了军，机缘巧合之下出演了一个土豪，游刃有余的演技直接秒杀奥斯卡影帝。薛仁贵靠这出戏声名鹊起，一骄傲，就忘记告诫后来人：危险动作，请勿模仿。

瞒骗这种手段用在战争这种特殊场合，无可厚非，但普及到百姓的日常生活中，处处都是假象，未免也太"伤不起"了。大家有没有在大街上遇到缺胳膊少腿的残疾人楚楚可怜地唱"只要人人都献出一份爱，世界将变成美好的人间"，遇到救助站的工作人员询问或是"下班"后，这些"残疾人"瞬间满血复活拔腿就跑；有没有遭遇过聋哑人举着各种证件希望你给残疾人协会捐款，不捐不让走……

人生如戏，那叫一个不露痕迹，那些欺上瞒下的人民公仆，下面明明怨声载道，却厚着脸皮向上汇报百姓安居乐业，人民幸福美满，如果上级领导要求亲临现场体察民情，他们马上摇身一变成为大导演，组织各群众演员将平时杂乱不堪的街区打扫的整齐无比。还有某北半岛，相当霸气，一家三代造大神，全国上下打鸡血，在官网发布"解放全人类"的胜利战况，三天拿下南半岛，半月解放全人类，那演技精湛堪称一绝，粉丝几千万，影帝称号都不足以表达一家N口的艺术人生。看着他们神吹的胜利战况，外围人员直呼：兄弟，手拿菜刀砍电线，一路火花带闪电。

假象就像肥皂泡，只能美丽一时，幻影破灭时，残酷的现实只会让人欲哭无泪。如来原名叫乔达摩·悉达多，曾是一位尊贵的王子，还是家里的独苗。他的出生让父亲净饭王乐不可支，幻想了无数个美好的未来，可偏偏来了个智者，预言王子将来要离开王宫，遁入空门。净饭王不干了，独苗修行去了，王位传给谁啊？为了阻止厄运的到来，国王想尽办法。简单来说，遁入佛门的人有两种，第一种是博爱型，看到有人在受苦，就想着拯救天下苍生。第二种是无奈型，人间太复杂，他们的小心脏受不了千奇百怪的刺激，只好遁入空门，远离红尘。国王想到这点，顿然开悟，他决定让儿子生活在幸福的人间天堂，不给他任何遁入佛门的契机。就这样，悉达多住豪宅、坐豪车，生活无比幸福，就连旅游的路线都是被精心安排好的，不让一点点不好的东西出现在王子眼前。可是悉达多最终还是发现了繁华背后的贫瘠，看到了"生老病死"，原来自己 19 年来一直活在父亲精心编织的乐园中，醒悟的悉达多毅然决然地离开王宫，开始修行苦旅。无论净饭王的理由多么充分、感情多么真挚，甚至匍匐在地上泪流满面，他也不曾回头。

曹雪芹说过"假作真时真亦假，无为有处有还无"。这句话要用在袁世凯身上，那是极为真切。袁世凯算是坑蒙拐骗当仁不让的集大成者，为了一己之私，先坑维新派，再坑清帝，最后坑国民革命军，他做梦也没有想到自己最终被言传身教的子孙给坑了。

大官僚家族出生的一介武夫袁世凯成功篡夺革命果实当时临时大总统，把国会、《临时约法》、国民党全"搞定"了，顺利当上终身大总统。1913 年春，袁世凯将中南海、北海及团城划入总统府范围，号称三海。举家入住三海后，袁世凯过上了深居简出的小日子，"纵帝王之豪奢，极人间之奉养"。据记载，直到死翘翘，他只正式出入总统府四次：第一次是1913 年 10 月 10 日，赴太和殿宣誓就任正式大总统，第二次是 1914 年 9 月 28 日赴孔庙祀孔，第三次是 1914 年 10 月 10日赴天安门阅兵，第四次是 1914 年 12 月 23 日至天坛祭天。

对于漫天飞舞的称帝传言，冯国璋听说后，马不停蹄地进京见袁世凯，慷慨激扬地表示：大帅，你一声令下，小的就带着手下那帮兄弟力顶你。袁世凯很委屈："你我都是自家人，我的心事不妨向你说明，我现在地位与皇帝有何区别？还要去

弄神马皇帝的名号，那不是吃饱了撑得。要是你们再说什么当
皇帝的话，我就离家出走。"

可见，一开始，袁世凯并没有当皇帝的打算，不过，人在
江湖，身不由己。袁世凯在诸多利益的关口，注定要成为"死
在沙滩上"的前浪，推动袁世凯的后浪就是袁氏子孙和西方列
强。袁世凯已经五十好几了，他的子孙想要如保住现在这种幸
福小日子，唯一的出路就是登上帝位。于是乎，一天，袁家项
城祖茔坟丁绘声绘色地给袁世凯描述了一番他爹袁保中的坟头
生出一条紫藤，蜿蜒盘绕着很像一条龙。袁世凯本来就迷风水
之说，认为这是祥瑞，再加上他的妻儿亲信添油加醋："这是
天降异象，大帅应该顺天应时，登上帝位才是正确的。""满
蒙王公都有承袭，为什么咱汉人不行。"他不当皇帝的心开始
动摇。1913 年 9 月底，长子袁克定以"就医"为名赴德国，
抵达柏林后，谒见了德皇威廉二世，威廉二世跟英法美一样，
都是老谋深算。他跟袁克定仔细一分析，说中国非帝制不能
图强，德国很支持袁大帅当皇帝。袁克定把这话添油加醋地
跟袁世凯一说，袁世凯的小心脏彻底受不了了，当皇帝的心
就此坚定。

为了让袁世凯全身心地支持"君主制"，袁氏子孙还专门
拜访了袁世凯很尊重的大知识分子梁启超，希望他写一篇文章
支持帝制。还好，梁启超不是一个没有节操的公知，他不但没
有支持，反而发表了一篇题为《异哉所谓国体问题者》的千古
奇文，极力批判帝制复辟。不知袁世凯是真不知，还是假不知，
任由这一场闹剧上演，最后，于 1916 年，在全国人民的咒骂

声中一命呜呼。

　　看到历史上各类算计高手的下场，不禁感慨，再美的泡沫也有消散的时候，刻意营造的美梦醒来之后只会让人无法面对残酷的现实。从实用角度来说，这类计谋的运用，都是不利于社会的发展，遇到问题，与其造假，让一个虚幻的泡泡带来一段虚幻而短暂的美好，不如面对现实，在荆棘丛生的道路上携手前进，走出踏实稳健的步履。

第 2 计 围魏救赵

柿子要选软的捏

计谋指数：★★★☆☆
常用指数：★★★★☆
江湖指数：★★★☆☆

话说很久以前，中原大地群雄并起，战火纷飞，各国拉帮结派以对抗劲敌。赵国仗着自己有强大的齐国做靠山四处得意显摆，公然欺负魏国的小弟卫国，魏国一看这架势，不干了，你赵国屁大点，敢在老子头上拉屎，庞涓，揍他。庞涓跟孙膑一样师承鬼谷子，带兵打仗很有一套，可惜他心胸狭隘，知道自己的才华赶不上孙膑，就把孙膑骗到魏国，一个劲儿地迫害，让孙膑由一个大好青年落魄成脸上带字的残疾，孙膑装疯卖傻，在魏国过着猪狗不如的日子，幸好齐国使节爱才，偷偷将他装入马车带回齐国，推举他做了大臣田忌的谋士。庞涓虽然人品不行，但是脑子却忒灵光，赵国哪是他的对手，节节败退，最终被庞涓围住国都邯郸，眼看就要灭国了，赵国赶紧派人去大哥齐国那里求救。

条件谈妥后，齐威王让田忌任总指挥，孙膑任参谋长，迅速发兵救赵。齐国大军整装待发，斗志昂然，带着孙膑的残疾人专用小马车，正准备直奔邯郸，跟魏国血战一场。孙膑看田忌四肢发达，头脑简单，直接给田忌一盆冷水："夫解杂乱纠纷者不控拳，救斗者不搏击，批亢捣虚，形格势禁，则自为解耳。"田忌不解，孙膑又道："一般要劝架，不能上去参与战斗，那样的话，三方都会打得头破血流。我们得抓住魏国的要害，攻他软肋，让他陷入困境，问题自然迎刃而解。现在魏国跟赵国的精锐部队都调拨前线了，大后方只剩一些老弱残兵，我们何不带领大军赶到魏国的都城大梁。"田忌一听，此计可行，带着齐军直接杀到了魏国的国都大梁，魏惠王急了，赶紧呼唤庞涓。庞涓没得选，和国都相比，赵国就是一个屁，他火速传令让大部队撤退。回撤途中必经一个叫桂陵的地方，孙膑暗中让主力部队埋伏在桂陵，等庞涓的大军一到，杀他个措手不及，庞涓始料未及，最终损失惨重。

孙膑这招一直被模仿从未被超越，从一开始就被冠上了救人解围的高帽子，给人一种正能量的感觉，然而里层却充斥着满满的邪恶，但凡目光长远的人都可以看到它骨子里的邪恶气息。人家孙膑用这个损招的时候是春秋战国，那是一个为了生存不惜一切手段的世界。在那样的世界里，抓住眼前的利益活下去才是唯一，这是战争年代特有的残忍。

说起杜月笙，大家头脑里就会自动浮现出一个老帅老帅的流氓形象，这也难怪，人家自己都形容自己是"强盗扮书生"的斯文流氓，擅长的就是耍手段、玩计谋。民国政府还是很重视人民的精神文化生活，上海等大城市先后出现了不少电影、戏剧公司，其中比较有名的就有明星影片公司。著名作家张恨水的《啼笑因缘》在报纸上登载完后，明星公司就率先拿到电影《啼笑因缘》的版权以及拍摄许可证，人们都满心期待着这部轰动的电影横空出世。但是，此地乃山寨大国，搭顺风车赚钱的人数不胜数，其中就有后台很硬的顾无为，他在南京的大戏院天天上演话剧《啼笑因缘》，赚得盆满钵满。对于这些打顺风车的家伙，明星公司有意见了，公开谴责警告，希望他们尊重知识产权，停止一切侵权行为。不少人见到明星公司的警告，乖乖收手了，但是顾无为不吃这一套，他上过战场扛过枪，后头还有大哥黄金荣，怕你是软蛋。他一不做二不休，干脆找关系弄了一个电影《啼笑因缘》的许可证，直接跟明星公司杠上了，随后昭告天下：本人从中央政府拿到了《啼笑姻缘》的许可证，拥有独家代理权。

明星公司哭笑不得，只能把顾无为告上了法庭，一场轰轰烈烈的"双包案"弥漫在神州大地。这么一闹，中央政府也被推到了风口浪尖，政府迫于舆论压力，想到了一个两全其美的办法："前面发的许可证通通不作数，从今天开始，半个月后，你们谁先将影片送审，许可证就是谁的。"明星公司心里暗爽，自己开拍很久了，半个月送审绝对没有问题。

顾无为也真是闲得发慌，偏要争个输赢，为此动用了所有的关系，找来演员、编剧、导演，一天 24 小时恨不得掰成 48

小时用，昼夜不休地赶制，用十天就拍出了一部《啼笑因缘》送审，名正言顺地拿到了许可证。明星公司急了，自己的良心制作输给一部烂片，天理何在。明星公司不服气，花重金请了上海滩的名牌大律师江一平，江一平就给支了一招——围魏救赵。

"顾无为不就是仗着自己参加过革命军，还有黄金荣当靠山，咱们就把这座靠山给他弄没了，看他怎么办。"在江一平的极力推荐下，明星公司一致同意，请黄金荣的三弟杜月笙当他们公司的名誉董事，让杜月笙私下找黄金荣私了。杜月笙也不负重望，他请了黄金荣、虞洽卿等齐坐一堂，开门见山："《啼笑因缘》这官司再打下去，非两败俱伤不可，顾无为听金荣哥你的，我现在又是明星公司的董事，要不这样，为大局着想，卖我个人情，给顾无为10万元，请他把片子收回。行不？"杜月笙是上海滩知名的流氓大亨，不看僧面也要看佛面，黄金荣爽快地收下杜月笙递过来的10万元支票往兜里一揣，豪迈地答应搞定顾无为。这事算是完结了，据说，最后顾无为也并没有拿到什么10万元的赔偿。

表面上大家都会感慨江一平的计谋高超，但你们有没有想过，好好的一家公司，光明正大地过日子，为了赢一场官司，要靠一个黑社会头目保护才能生活，从此过上了年年月月上交保护费的日子。这是社会日趋滑落黑暗的表现！倘若是现在，你像明星公司一样遭遇了腐败的伤害，最后，却只能放下节操寻求另一个腐败阵营的"曲线救国"，那么，腐败赢了，你们都输了。输一次，死不了人，但是社会的日趋黑暗，是开向集体死亡的列车，为什么不把那思考计谋的脑细胞用来思考一下如何建立一个公正平等的社会呢？冰冻三尺非一日之寒，人生困境的一次简单选择或许微不足道，但是却给你的周遭带来了不起眼的影响。别以为腐败跟你没有一丝一毫的关系，纵容"曲线救国"会为你人生的悲剧埋下了意想不到的伏笔。赫鲁晓夫就是一个典型的例子，为了一人私利成为葬送苏联的"大功臣"。

赫鲁晓夫在中央站稳脚跟之后，对斯大林的某些做法很有意见，决定改革。改革难免侵害某些高层领导的切身利益，为了保住幸福无限的小日子，马林科夫等苏共中央主席团成员决定召开会议，把赫鲁晓夫拉下第一书记的宝座。1957 年 6 月的一天，中央主席团会议召开了，马林科夫等七人抑扬顿挫、绘声绘色地数落赫鲁晓夫的不是，要求他主动辞去第一书记的职务。整个主席团成员中，只有米高扬站在他这边，赫鲁晓夫一看这阵势，不行，不能让他们得逞了。他死皮赖脸地拖延时间，好不容易将会议拖延了一天，赫鲁晓夫赶紧联系上了手握重兵的将军朱可夫。

"哥呀，你得救救我呀，我一心为了党，为了国家，我容易吗我，他们这些家伙，就是怕我们清查斯大林的大清洗，查出他们背后的猫腻，所以先杀手为强。"朱可夫想想，国家的确需要改革，大清洗中的那些冤假错案也该翻一翻，而且，救了赫鲁晓夫一条命，自己还不扶摇直上？！一阵思索之后，朱可夫认为这买卖值得做。问赫鲁晓夫："我怎么帮你？带领大军杀进去，不太好吧？"

赫鲁晓夫说，不用那么复杂，这些家伙就是担心大清洗中自己背后那点猫腻，想办法把所有的中央委员弄到莫斯科，我们明天召开党中央全体会议，这会议不仅要讨论讨论我赫鲁晓夫的去留问题，还要说说大清洗的问题，兄弟，你懂的。

朱可夫暗中命令国防部偷偷用军用飞机将所有的中央委员接到莫斯科，随后，又让人清查马林科夫等人在大清洗期间的所有文件。第二天，300多名中央委员、候补委员及检查委员齐集一堂，召开全会，大多数委员表示支持赫鲁晓夫。朱可夫用军用飞机送来的人，能不支持赫鲁晓夫？但是，事情还没完，应该说，才刚开始。

朱可夫在大会上声嘶力竭地批评马林科夫等，而且再三强调："你们要为30年代参与血腥清洗红军指挥人员承担罪责。"回忆起那个疯狂的年代，马林科夫等人只能伤感地说："当时谁都不得不在逮捕文件上签名表示同意，你朱可夫本人也很清楚，如果翻一翻当时的文件，大概也可以找到由你朱可夫签字的文件。"

"呵呵，"朱可夫突然转过身，自信地回答，"没有，您找不到，您去翻吧！由我签字的这类文件您是绝对找不到的！"

朱可夫这么一倒腾，马林科夫等人被指责为"反党集团"，从此离开了权力的中心——莫斯科。此后，朱可夫变得飞扬跋扈，围魏救赵这些计谋都是哥玩剩下的，手握重兵的朱可夫越来越高调，成了赫鲁晓夫的下一个打击目标，没得意几个月，就让赫鲁晓夫K.O.了。反党集团事件的发生，让苏联的法律、政治秩序等被践踏得支离破碎，民主、公平在赫鲁晓夫和朱可夫的无形刀里空留下一堆碎渣。曾经与美国相匹敌的大国，任由后面雄心壮志的领导人如何挽救，都拦不住它往黑暗滑去的决绝。

围魏救赵，看上去充满正能量，实际上骨子里弥漫着满满的小邪恶。别以为你很厉害，可以利用它做好事，少来，耍计谋的英雄都活在法律全无道德败坏的时代，现在的世界，需要的是秩序以及对秩序的维护。用围魏救赵"曲线救国"，那是打着雷锋的旗帜践踏社会运转的秩序。我们不能被狗咬一口，自己再去咬狗一口吧，我们是否得想想如何建立一个秩序让下一个人不再被狗咬或者咬了能够取得合理的赔偿？

第3计 借刀杀人

杀鸡偏用宰牛刀

计谋指数：★★★★★
常用指数：★★★★★
江湖指数：★★★★☆

借刀杀人，顾名思义，借别人的手杀自己想杀的人。这可算是排名 NO.1 的大损招，它没有具体的典故出处，据说是古代的某位聪明绝顶的青年从《周易》的损卦中推演出来的。为了更好地理解这一计谋，我们先花点篇幅简单说明一下《周易》是什么。

很久很久以前，我们祖先为了战胜自然，常常用龟壳、兽骨等裂开的缝隙来占卜，看看运气如何，形成所谓的卜辞。后来，伏羲氏对这些卜辞进行汇总整理，形成八卦。到了商朝末年，周国老大姬昌被商纣王关押在羑里。这姬昌是伏羲氏的头号追随者，在羑里囚禁的日子里没事做，他就开始绞尽脑汁地研究八卦理论。他把八卦拆了重组并形成研究报告，便有了今天所能查到的六十四卦和《象辞》。

这段历史特别让人不淡定，深受很多文化人和"砖家"推崇的上古经典，竟然是这么问世的，没有实践，没有考察，缺乏科学与严谨，只有长横短横的排列外加一堆貌似很高深的文字。后来，很多文艺青年开始借它大力发挥，出现了各式各样的学说理论，其中就有借刀杀人。

要说借刀杀人的计谋有些小邪恶，定会有人面红耳赤地惊呼：人家只是计谋而已，怎么招惹你了？回答之前，咱们先看一个古代的职场小故事。

话说明穆宗驾崩前，任命高拱、张居正、高仪以及太监冯保担任顾命大臣，辅佐他十岁的儿子朱翊钧继位。四位顾命大臣中，高拱位居内阁首辅，位高权重，相当于一人之下万人之上的宰相，其次是张居正，担任内阁次辅，相当于副宰相，而高仪是一个明哲保身的家伙，直接可以忽略不计，冯保作为皇帝的贴身太监，又是太后跟前的红人，自然很飞扬跋扈。不过，朝中大事，向来轮不到太监做主，所以，对张居正来说，他仕途上最大的阻碍当然是首辅高拱，只要把高拱拿下，他这个次辅自然顺利上位，成为朝中炙手可热的一哥。

明朝明文禁止大臣结交宫中太监，担心他们内外勾结，左右朝局。但是，规定是死的，人是活的。当时，皇帝只有十岁，而且非常信任贴身太监冯保。冯保自然成为很多大臣巴结逢迎的对象。但高拱是一个标准的知识分子，才高八斗，恃才傲物，很看不起冯保，时常因屁大点事跟冯保产生小摩擦。

　　一日，高拱秘密组织召开工作会议，教唆手下官员检举冯保，意在打压冯保的势力。密谋会议刚开完，张居正就意识到除掉高拱的机会来了。他添油加醋地跟冯保说："高拱不把公公放在眼里，上次你递到内阁的那个文件他直接不给批，还骂你怂恿小皇帝，说'十岁太子，如何治天下'，你说他这人！他还想找人告你的状。"

　　冯保本来跟高拱就有摩擦，听张居正这么一说，瞬间火冒三丈，直接跑到太后跟前一把鼻涕一把泪地说高拱坏话，还捏造谎言说："高拱想废掉皇上，另外立河南周王。他跟周王说好了，一旦事成，就封他个国公的爵位……"于是，皇后跟贵妃决定先下手为强，把高拱下放了。高拱被下放后，张居正直接提了正，成为明朝堂堂正正的内阁首辅。

　　虽然第一步是成功了，但是瘦死的骆驼比马大，张居正无时无刻都在担心高拱死灰复燃。有一天，皇宫里逮着一个假扮太监的家伙，说是戚继光的手下。冯保立马找来张居正："你看看你保举的人才，他戚继光手下的兵叫王大臣的，私自闯入皇宫内院，这是死罪，知道不？"张居正一点也不惊慌，慢悠悠地说："这王大臣只是戚继光手下的一个小兵，你要拿这点事儿跟手握重兵的戚继光说事，那你可能会羊肉没吃到倒惹一身骚，我看，我们该如此如此，这般这般……你想想，要是高拱再回来，冯老弟，他第一个要你的命。"这话直戳冯保心窝，高拱就是一个不定时炸弹，他东山再起，那冯保不死也得脱层皮。冯保把心一横，让手下的小太监偷偷把两把亮晃晃的刀子放入王大臣的衣袖，然后威逼利诱让王大臣说是高拱派来刺杀

皇上的……最后，高拱糊里糊涂地被嫁祸冤枉，朝廷让他彻底
办理退休手续。

　　有人认为借刀杀人无关善恶，坏的原因在于使用者本身，
那好吧，来看看戴维·彼得雷乌斯的例子。2011 年秋天，戴维·
彼得雷乌斯接掌了美国中央情报局（CIA），从一名军人转型
为情报部门的头儿。奥巴马又一次不走寻常路，打破了情报系
统内部提拔的传统，希望戴维成为自己的得力助手。戴维的空
降，让 CIA 内部很多人不满。好不容易的升职机会，凭空让这
位非情报系统的家伙占领。但是，戴维毕竟是总统亲自任命的，
大家敢怒不敢言。好在上天给的机会很快就来了。一天，CIA
内部一美女收到 N 封私人电邮，上来就开骂：你个骚货狐狸
精，你离我男人远点……CIA 是什么地方，搞情报的，有人本
能地嗅出邮件背后的猫腻。稍微一调查，就查到了局长戴维的
丑闻。原来戴维很久以前就与一名女记者关系暧昧，调任 CIA
后，他担心这种关系会影响自己的前途，便与这名女记者提出
分手，女记者以为戴维跟 CIA 的某名美女有染，便将矛头指向
这名美女。有人抓住了这个天赐良机，故意将这个消息捅到了
联邦调查局（FBI）以及美国的各大媒体。一时间，戴维的婚
外恋丑闻以及涉嫌泄露国家安全机密的新闻占据各大媒体的头
版头条。最终，戴维在媒体的包围中身败名裂亡，这个丑闻以
他"闪辞"结束。最后，一位在 CIA 奋斗了 25 年的高富帅被
提名为新任局长。

　　按理说 FBI 跟 CIA 的工作人员应该有保密的职业操守，怎
么这个消息这么快就被捅到媒体那里？直到事件尘埃落定，一

些脑细胞比较发达的媒体人才恍然醒悟，CIA 内部坚守传统的某些人借 FBI 之手踢走这个空降的局长，维系了原本的升职传统。

为了上位而借刀杀人，这种手段在职场中，甚至是我们的生活中早就见怪不怪了。生活中，80% 的人如果不是被坑的那个人，就是被借出的那把悲催的刀！看看那个借穆帅之手清洗了老将劳尔和古蒂的皇马主席，依旧只能在败北之后偷偷溜出赛场，躲避媒体跟球迷们的责骂；还有那个将三星当枪扫射苹果的谷歌，在扫射失败之后，一把丢下三星这把好枪，一脸无辜清纯地声明，三星所用的那个软件跟自己开发的 Android 核心系统没有一丝一毫关系。呵，此时三星这把好枪该有多么欲哭无泪？

如果我们的身边处处上演借刀杀人的戏码，谁还好意思带着清纯和善良出门？那样的世界，人们热衷内斗，没有信任，只会剩下"与人斗其乐无穷"的一群变态加神经病。这会是怎样的一种悲哀？

第4计 以逸待劳

吃饱才能干大事

计谋指数：★★★☆☆
常用指数：★★★★★
江湖指数：★★★☆☆

以逸待劳是什么玩意儿？就是自己吃饱喝足之后使劲修理那些又累又饿的敌人。《孙子兵法·军事篇》中说了："以近待远，以佚待劳，以饱待饥，此治力者也。"

说到以逸待劳，首先闪入脑海的当属曹刿。

话说齐桓公登上王位后，为了扩大齐国的影响力，决定攻打鲁国。鲁国压根不是齐国的敌手，两三下就被打得落花流水，一路溃败。鲁庄公跟一班臣子急得团团转，怎么办，怎么办？和还是战？这个时候，一个无半点官阶品位的家伙出现了，他就是曹刿。曹刿见到鲁庄公后，对战前形势做了一番分析，认为可以迎战。齐鲁双方便在长勺摆开阵势，蓄势待发。鲁庄公看一眼齐军，准备下令击鼓进攻时被曹刿拦住了。曹刿说："老大，时候未到。再等等。"

古代条件有限，通讯基本靠吼，交通基本靠走。为了号令全军，军队中加入了钟鼓。古人打架有讲究，开打之前要下挑战书，叫檄文，知会对方我为什么要揍你。正式开打要击鼓，目的有俩，一是鼓舞士气，告诉将士们，准备进攻；二是传递信息，告诉敌方，我方准备完毕，马上来收拾你。但是，击鼓后不能马上进攻，人家还没有击鼓呢，这说明人家没有准备好，这么攻过去不道义。

"咚咚咚——"终于，齐国大军的鼓声响彻云霄，将士意气风发，就等着活动活动筋骨了。可鲁国大军就跟睡着了一样，半天没有动静。齐国大将鲍叔牙一看情况，不耐烦了，鲁国怎么这么啰嗦，难道还要化妆打扮不成？再击鼓。"咚咚咚——"鲁国还是不动。鲍叔牙的玻璃心差点碎一地，怒了："三击鼓。"曹刿听到齐军第三次击鼓了，胸有成竹地对鲁庄公说："欧耶，动手吧！"鲁国将士歇也歇够了，冲上去就狠狠地揍了齐军一顿。

赢了长勺之战，鲁庄公大摆筵席感谢曹刿。鲁庄公奇了怪了，怎么加上曹刿一个人就赢了呢？曹刿道："打仗，拼的就是勇气。第一次击鼓能振作士气，第二次时士气就减弱了，第三次基本上衰竭了。所以，我们等齐军击了三次鼓才动手，敌方士气竭尽而我方士气正旺盛，你说，能不赢吗？"

好家伙，智商果然非同凡人！曹刿生活在礼崩乐坏的春秋战国时期，用以逸待劳的手段赢得胜利，虽说不君子，但也并非无耻之徒。如果把这些手段用到手无缚鸡之力的平民百姓身上，那就相当不地道了。好吧，上真相。

有一家日本公司特坑人。他们想跟一美国公司达成贸易，为了拿到利于己方的贸易协定，使出了各种招数。他们派一组人去美国谈，一下飞机，美国人直来直往，滔滔不绝地介绍自己的产品以及贸易中的种种条件，日本公司的代表们很认真地将美国人所说的一切记录下来，然后一声不吭地回去了。美国公司的人纳闷了，什么情况？他们是准备做这笔买卖还是不准备做呀？Yes还是No，总有一个准话吧。日本公司的代表离开后，如同石沉大海一般，没有半点音信。

一个多月过去了，这家公司又派来第二队人马，美国公司以为生意有了眉目！等到见面，日方代表说，不好意思，我们跟前面那队人没有什么交流，我们是另外一个部门的，你们公司以及公司产品我们都不了解，能仔细介绍一下吗？！美国公司无语了，又从头巴拉巴拉地把公司产品以及合作条件介绍了一番，心想，这下总可以了吧！结果，这第二队人马照样认认真真地把笔记做好后，一声不吭地离开了。美国公司还是不知道日本公司有没有意向跟他们合作。

又是一个多月过去了，日本公司又派来了第三队人马，还是跟以前一样，你讲仔细一点，我记认真一点，然后一声不吭，走了。美国公司丈二和尚摸不着头脑，搞不懂日本公司这是准备干什么，来来回回好几趟了，不嫌机票贵呀。就这样，第四队人马，第五队人马，第六队人马轮番上阵，光给他们介绍产品以及条件，美国公司的代表都快崩溃了，日本人这是真傻还是故意找茬？来了这么多队人马了，就是没有半点合作的意思，玩我们呢这是！美国公司渐渐把这事给忘了。等到第七队人马到来时，人家声称是公司的正式代表团，此次要代表公司跟美国公司方面达成合作。美国公司慌了神，措手不及地接待这队日方代表团，没办法，生意还要做吧！可是，材料，没有！合同，没有！合作方案，也没有！日本公司的代表团不紧不慢地拿出自己的方案，然后条理清晰地介绍起来，说："你们什么都没有，那就以我方的条件为蓝本吧。"美国公司的代表这才如梦初醒！

还有更坑的。科恩是美国知名的谈判高手，在他的战斗生涯中，所向披靡，战绩辉煌。可惜，这等高手，也在计谋手段下狠狠摔了一跤。话说有一次，他代表公司去日本谈一个项目，一下飞机，日本公司的两工作人员热情地接待了他，一路上，热情地询问："Mr. 科恩，你这次打算在日本呆多久？"

科恩拿出回程的机票核实一下，呵呵，可以在这里呆13天。两工作人员殷勤地问："Mr. 科恩，第一次来日本吧？"

"Yes！"科恩回答。

"哦，太好了，你有足够的时间好好看看日本，了解日本的文化。"

接下来，科恩在他们的安排与带领下，到东京银座去购物，到富士山游览，到金阁寺观光，到温泉浸泡……能去的地方都去了，一转眼，11天过去了，没人跟他谈合作的事情。耐不住的科恩找工作人员询问，工作人员都热情地推脱到明天。科恩着急了，只剩下两天多的时间了，还没有涉及正题呢，拿不到这个项目回去，怎么对得起自己常胜将军的名号，怎么给公司交差呀？到了第12天，在科恩的强烈要求下，日方派出了几个代表跟他谈判，谈了一小会儿，还没有什么头绪，日方代表就说今天有急事，很抱歉，明天继续。此时科恩在心里诅咒了"明天"一千遍，但是没有办法，还是只有将计划搁置，等候明天再战。到了"明天"，大家接着谈，谈着谈着，日方代表接了个电话，很抱歉地说今天又有急事。科恩心想，急事就不能缓一缓吗，我明天的飞机回美国。可是，日方压根没有理会他，将计划再次搁置，退场了。留下科恩无奈地琢磨，怎么办，怎么办？明天就要飞回美国了，谈判一点进展都没有，回公司怎么交差？科恩在焦急中度过了一夜，最后一天上午，他收拾东西准备走人时，日方代表来了，准备跟他谈合作的事宜。飞机马上要飞了，没关系，车上谈，边走边谈。你说，科恩还能说什么，要么是谈崩了，两手空空地回去，要么是签下这份利于日方的合同。选项只有俩：A. 死，B. 生不如死，你选什么？你能选什么？

俗话说得好，兵不厌诈，在你死我活的军事较量中整点小邪恶是可以理解的，那是战争留给人性特有的残酷。但是，不能让这些残酷下衍生的邪恶充斥着我们当下尚且宁静的生活。企图用一种貌似合理的理由来掩盖或是洗白计谋本身的邪恶气息，就跟"强奸妓女不等于强奸"、"捅死小偷是替天行道"等谬论一样可笑。咱们不能否定"以逸待劳"的积极作用以及地位，如同我们不能否认"小偷"、"妓女"对社会以及他人的危害一样，但是我们也不能用看似合法合理的逻辑掩盖"小偷"、"妓女"作为人并拥有人权的本质。

第5计 趁火打劫

决不让"机会"从指缝间溜走

计谋指数：★★★★★
常用指数：★★★★☆
江湖指数：★★★★★

趁火打劫，在人类历史上是如此的耳熟能详，听到这四个字，我们会不自主地想起《西游记》中那枚盘踞在黑风山的黑大王，他趁观音寺着火偷袈裟，可耻！趁火打劫的思想源于《孙子兵法》中一句"乱而取之"，起先这个想法没有什么恶心感，只是兵不厌诈的军事领域内常见的作战计划之一。就这样四个字，一个 Idea，后起之秀争相学习并大力实践，让这枚孕育在烽火中的点子成为了生活中谋取蝇头小利的手段，美其名曰"趁火打劫"，并在流氓横行的明清之际荣登计谋三十六强。虽然几百年来它以成功人士的身份尽享一切荣耀，但是，那份虚假的荣耀并不能掩饰它身上的阵阵邪恶气息。一批脑清目明的智者早已看清了它的真面目，清代文人徐珂在自己的书《清

— 31 —

稗类钞》中就表达了自己对趁火打劫的各种鄙视和嫌弃。

干趁火打劫的都是些什么人物？这些家伙，瞅着人家着火了，邻里乡亲正热火朝天地帮着打水灭火，他们倒也不着急，反正烧着的也不是自己家的玩意儿。甚至逮着机会邀约一两个伙伴，风一般地冲进人家屋里，用自己苦心练就的火眼金睛瞅瞅有什么好家什，左手拿一个，右手拽一双，能拿就拿，可别让大火给烧了个精光，划不来。主人家正忙着救火呢，没工夫搭理他们。他们就这么堂而皇之地将别人的私有物品据为己有。要是被主人家逮着了，他们就一脸无辜小清新地解释："我先帮你拿去我家里放着，要不让大火给烧没了，多可惜！"回头便屁颠屁颠地直奔自己的老窝。倒是苦了主人家，遭遇天灾就算倒霉了，结果还遇上落井下石的家伙。

小孟是刚跨出校门的眼镜男一枚，只身一人在杭州打拼，为了不断地充实自己，他常常骑着电动车带着笔记本电脑去图书馆看书上网。一天上午，他骑着电动车刚出发不久，在路口就遭遇了倒霉女神，一辆轿车不知怎么地失控抛锚，迎头给他撞了过来，座驾当下就散架了，眼镜也飞了，此时，小孟的视界里一片朦胧，躺在地上感觉痛楚阵阵袭来。还好肇事司机靠谱，没有跑路，马上停下车拨打 120 跟 110，还找来十来个热心人将小孟围着，免得造成二次碾压。小孟是苦逼的穷学生一个，第一反应就是起身摸摸看电脑还健在否，肇事司机让他别动，生怕他伤到骨头。

小孟只有眯着高度近视的双眼问路人："哪位好心人帮我看看，我电脑还在不？""在的，在的。"不少人异口同声地回答。其中一个中年大叔积极地将电脑提了过来,给小孟说:"放心吧,我帮你拎着呢。"一听这话,小孟那个感激涕零,世间还是好人多呀。等到了医院,小孟再找自己的电脑时,那个帮忙拎电脑的中年大叔早没有半点踪影了。难道?小孟不敢相信,说好的助人为乐呢,怎么就变成趁火打劫了?此时的他只有祷告,希望大叔只是一念之差,回头能将电脑送还到医院。

趁火打劫的行径,让人难以给予正面评价,阵阵邪恶气息弥漫在它的周围,久久不会消散。更坑的是,貌似它的存在已经变得理所应当,不会此招的人,地球都快容不下了。且看那些运送蔬菜水果的货车遭遇车祸后,蔬菜水果抛洒一地,围观党纷纷将蔬菜水果搬运回家,不时还得意地比较一下谁捞的东西最多。还有那些趁球迷发飙而趁机蒙面闯入百货公司抢劫的家伙,以及趁着其他公司遭遇滑铁卢而大肆侵占对方市场份额以及抢占业务的商人……自明清开始,趁火打劫带着一身恶臭,贯穿到人类生活的点点滴滴,如同病毒一般吞噬社会生活的正能量。现如今,大家面对它,已经到了不以为耻,反以为荣的境界,跟趁火打劫绝缘的人,在这个星球貌似快没有立足之地了。

当一种观念成为大多数人所共有的思维模式,并侵入到人类的潜意识中时,它将成为不可撼动的存在,除非将这种观念从人类潜意识中抽离。趁火打劫就是这样一种观念,自从它荣登计谋三十六强后,它便逐渐侵蚀并在人类思维中扎下了深深的根。踩别人的痛处,捞自己的好处,这种思维早已侵蚀到普通人脑,就等着一统江湖。

趁火打劫的集大成者，绝对是那些逮着天灾人祸而大发国难财的坑人精英，代表人物就有清朝山阳县县令王伸汉。嘉庆十三年（公元1808年），江苏泗淮地区暴雨连绵，河水泛滥成灾，其中山阳县受灾最重。洪灾过后，赤土遍地，饿殍载道，哀鸿遍野。嘉庆皇帝拨了99000两银子送往山阳县用于赈灾。这99000两银子一到山阳，王伸汉那个乐，白花花的银子差点亮瞎他的双眼。当时，这家伙的年薪才33两银子，99000两对他来说，那相当于天文数字。为此，他动起了小脑筋，他伪造了N多户籍，张三李四王二麻子全是他本人，然后光明正大地领了23000两银子，其间拿出10000两上下疏通，余下的13000两全都进入了他的腰包。银子到手了，他自然乐呵呵地吃饭打牌搓麻将，偶尔去灾区巡视一番，假意说两句振奋人心的话。

可怜那些灾民呀！据《清史稿》记载，当时江苏全境约有9356755人，下辖60个县，那么山阳县至少也有约155945人。撇开零头算下来，每人只能领到0.66两银子。王伸汉从中克扣了23000两，相当于四分之一。如果下面的官吏再从中克扣点，能够发到灾民手中的钱那是寥寥无几。这货真是极品中的极品，贪污这么多灾民的救命钱，竟然脸不红心不跳，上头派人来查，能收买的收买，不能收买的他就让人"被自杀"。只要自己能发财，灾民是死是活都跟他无关。

王伸汉之后，还有不少丧尽天良的坏蛋前赴后继，恬不知耻。要问趁火打劫到底占据了人类多少精神领地，可以这样说，人之初最基本的善良都被它吞噬得所剩无几，一场灾难的到来会让一大批趁火打劫思维井喷：非典中的天价板蓝根，地震中的天价矿泉水，还有千夫所指的赈灾款贪污……发国难财的行径，让人深感很无奈。

世界很残酷，从来不为你准备适应期，当你从书店买一本《三十六计》正准备学习时，善于坑人的家伙已经开始豪言壮语地表示，趁火打劫跟守株待兔一样落伍了，一条龙服务才是王道。谁还有耐心去等待那场意外之火，懂得自编自导自演才是 21 世纪坑人高手的操作手册。

比如油荒。油荒大家都不陌生，那牵动万千人民的 93 号随时会占据各大媒体的头版头条。在我国，成品油是垄断性产品，实行政府定价，按规定，油企不得擅自提价。可是，不得与不能的差距是很大的。就有不少油企冒险擅自提高油价，导致批零价格倒挂，加油站自然不愿意当冤大头，高价买入，低价卖出，傻子才干。为此，很多加油站陷入油荒。油荒一旦成为限制人民幸福生活的阻碍，政府提价的行为自然水到渠成。要是遭受有关部门查处，那好办，反正是国企，钱放在左手和右手都一样。好家伙，垄断着成品油供应，却又不保证市场供应；不保证市场供应就算了，还不管好自己的下属企业，一边制造油荒一边哄抬油价，这招放火打劫绝对完胜。

占不占据权力优势不是重点，有没有底线良心才是关键。丧失良知的小商贩也不是省油的灯，大家还记得那些年让人民大众爱不释手的"万能盐"不？话说，不知何时网上出现了盐能防核辐射的谣言，一些盐商逮着机会使劲转发，扩大谣言的影响力，另一方面大量购盐囤居，然后再以高价售出。都是些擅长放火打劫的好手呀！

趁火打劫这等计谋，放在硝烟弥漫的战场上虽算不上令人发指，但放入社会生活中，用来谋取私利还是非常不地道的。天灾不可避免，人在江湖飘，哪有不挨刀，关键是遭遇天灾之后再来人祸，身心自然会受到巨创。落井下石，踩着别人的痛处，捞自己的好处，这种见利忘义、毫无良知的思维要是继续占据人类的精神领地，继续吞噬社会的正能量，估计未来的一切，一切美好的构想都只是浮云。

第 6 计 声东击西

趁其不备，就不告诉你到底打哪儿

计谋指数：★★★☆☆
常用指数：★★★★☆
江湖指数：★★★☆☆

声东击西，假装要攻打东边，实际上却偷偷进攻西边。这种掩人耳目的手法在我们生活中屡见不鲜，球场上用这招虚晃一枪成功绕过对方球员的阻拦，拳击时一个假的左勾拳成功掩饰真实有力的右勾拳……声东击西的计谋最早见西汉著作《淮南子·兵略训》，其灵感来自我国古代流传下来最晦涩难懂高深莫测的《周易》其中萃卦那迷乱的卦象。它告诉广大追随者，面对智商短路、善良老实的本分人，表面一套背后一套是实现目的的绝佳利器。不信，瞅瞅东汉末年的一代大将朱儁，看看他如何实践声东击西的计谋。

且说东汉末年，政治腐败，灾祸连连，民不聊生，为了生存，不少百姓揭竿而起，其中张角兄弟带领的黄巾军势力强大，震惊朝野，政府高层决定派兵镇压。古往今来，低层人民的生活就是典型的悲剧，老实巴交呆着要遭受政府以及贪官的欺压，发一次脾气还得戴上"刁民"的帽子被大批正规军追杀。

朱隽就是负责追杀黄巾军的正规军将领。要说这朱隽也不是什么好鸟，从他过往的履历看，这家伙典型的市井混混流氓一个，在他的三观里，偷盗是正气凛然的，政府现存的法制体系是可以任意践踏的，良知是没有的，底限是可以调节的。让这样的家伙去讨伐一批因为吃不起饭而造反的百姓，结果可想而知。朱隽带着一小撮兵马直奔前线，跟占据宛城的黄巾军火拼了几次，相持不下，后援人马杯水车薪，想从正面对决中取胜机会渺茫。朱隽为此纠结不已，整日望着宛城深思，一天灵感突然降临，有办法了。他下令停止围城，让大部分士兵声势浩荡地在宛城的西南方向安营扎寨，挖战壕，堆土山，阵仗越大越好，要多浮夸有多浮夸。经过几天的夸张作业，防御工事顺利完工。进攻前，他从队伍里精心挑选几个力大无穷的家伙负责击鼓。黄巾军中大多数是老实巴交的农民，向来跟不上时代的变化，一看西南边热火朝天地修筑防御工事，猜想敌军准备从西南角攻过来，一连几天，他们都全神贯注地盯着西南角的动静，最后，听到西南角传来震耳欲聋的战鼓声，不多想，吆喝兄弟们抄家伙杀到西南门，挫挫朱隽这小子的锐气。

黄巾军把所有的兵力调拨到西南门驻守，谁知道这西南门外的政府军雷声大雨点小，鼓声听着挺瘆人，就是不见进攻。黄巾军哪里晓得朱隽在西南门外只安排了一小撮人负责击鼓吸引他们的注意力，而他则偷偷带着五千精锐从东北方向直捣黄龙，一路所向披靡，如入无人之境。等黄巾军发现屁股着火时，敌人已经攻入宛城。见大势已去，宛城的黄巾军将士只得乖乖缴械投降，任由宰割。

用高调掩饰真实的动机，这便是声东击西的核心要点。直来直往的岁月已经远远离去，21 世纪变得拐弯抹角，大家相对热衷间接委婉的软手段。就说打广告，简单直接地介绍产品的优劣早就被时代淘汰了，不化身成为代表正能量的慈善家都不好意思出门。例如，一家婴幼儿产品公司经过牵线搭桥，成为某社会团体组织开展的绘画、夏令营、趣味竞赛、健康宝宝评选等活动的赞助商，他是多么的无私大气，大手笔地支持社会团体的公益活动，以此回馈顾客报答社会；还有一家饮料公司花巨资资助歌手大奖赛，为草根开启唱歌的梦想之门……看似处于赞助位置的厂商早就变成公益色彩浓烈的社会活动的幕后大老板，成为整个活动的策划操纵者。这不正是典型的声东击西，当大家的吸引力被丰富多彩的活动吸引时，厂商的主推产品在活动中轮番轰炸，自然而然成为人们熟知的当红小生。除此之外，将广告打入慈善义卖、捐款救灾、新闻报道等充满正能量的活动中也是广大厂商热衷的好戏码。话说无商不奸，为了赚钱，搭上正义列车也属正常，不过当慈善活动沦落为博取名声的不二利器时，人们看它的眼光还会有一丝纯粹吗？当社会活动充斥着浓烈的铜臭味时，人们对待它们的态度还会有一点尊重吗？

再说说商场对手之间的你争我夺，声东击西这类小儿科的伎俩早就屡见不鲜。某服务代理商的一名业务员就曾经遭遇过这类戏码。他服务的一家专卖店长期以来都要求他们供应 A 产品，有一天，专卖店老板打来电话，说："我们有几个客户订购了 B 产品，你们三天内能不能把货发过来。"这业务员犯难了，B 产品并不是公司的主推商品，仓库中并没有多余的备货，现在从生产厂家订购也需要一个礼拜才能到货，三天时间送到专卖店怎么可能？他决定跟老板协商，希望老板能说服顾客更换成 A 产品，他滔滔不绝地解释："这两种产品虽然型号不同，但是尺寸功用等方面都没有差别，只是外观有点不一样而已，而且 A 产品性价比更高……"还没等他讲完，老板语气中透露出些许不悦，冷淡地说："你尽量想想办法吧，顾客定下来了，现在更改，不晓得顾客会不会同意！"

这业务员急得像热锅上的蚂蚁，不知如何是好，三番五次地请求老板说服顾客改订 A 产品，可是老板的回答总是让他失望而归。到了第三天，老板突然打电话告诉他，经过艰难的沟通，顾客说可以试试 A 产品，但是要求价格降低 100 元，否则不干。这业务员一听，高兴得忘乎所以，天大的困难终于有了眉目，他爽快地答应专卖店老板的要求，随后搅动自己的三寸不烂之舌说服领导答应这笔买卖。有了这个降价先例，专卖店的老板水到渠成地要求降低批发价。直到一年后，售后服务部的工作人员上门服务时，跟顾客攀谈中不经意提起这件事，大家才知道顾客毫不知情，说要订购 B 产品只是老板为实现降价而打的幌子。

不得不表示，高手在民间，经过高手深加工的声东击西，别说脑袋缺根弦的老实人，就是聪明绝顶的普通大众也难逃圈套。除了暗流涌动的商场，我们身边也流窜着携带种种邪恶气息的声东击西计谋实践者。又如，C是一家精品店店员，一天，一位穿着时髦的妙龄女郎带着口罩进入店里，直奔名牌包专柜，细心地开始挑选，她优雅地指着一款娇气地问："这款有没有红色？还有这款，把所有颜色各拿一个给我选选！"C看这是大客户，格外殷勤地招待，按美女的要求跑出跑进地拿商品。她做梦也没想到，这么一位高贵娇气的美女竟然趁她不注意，三下五除二地将柜子上一个精致的小包拆掉保护套塞进自己的包里，然后若无其事地挑选包包，不慌不忙地和她杀价，最后淡定地说："给我留在这里，我去咖啡厅看我男朋友谈完生意没，叫他来付钱！"说完就离开了精品店，再也没有出现过！等C清点货品才发现少了一个包，调出监控才发现自己着了道儿。

在道德沦亡人渣当道的世界里，打开门做生意的商家哪怕小心翼翼地做了各种防范都难免落入高人的陷阱里。这年头，精英们在坑人手段上的创新超越了人类的想象，譬如，大人带着淘气的熊孩子进入商店，然后一本正经地向店员问东问西以吸引注意力，熊孩子在大人的指使下趁机将商品塞入衣服里层，逃出商店，大人再以找孩子为借口溜之大吉。这些毁三观的好戏在我们的生活中此起彼伏，精彩不断，随时能把人惊吓得瞠目结舌。

声东击西讲的是出奇制胜，转移对手注意力使其疏于防范，然后乘其不意，攻其不备。为了实现"出奇"，施计谋者可以设计陷害商业搭档，更可以怂恿孩子为非作歹……底线不存节操不保，丧心病狂只为获取眼前之利！在你死我活道义不存的古代战场，这类手段已经让人鄙视，更何况是在建设和谐社会的康庄大道上，一张张自私自利的嘴脸叫人怒发冲冠。

虽然声东击西表面上没有丑陋的嘴脸邪恶的神态，但其实质不过是蒙骗的具体操作手册之一。对于为生活奔波忙碌的我们来说，谁会无时无刻思量这是不是陷阱，但凡善良未灭的人都会选择相信他人。可悲的是，这种相信会在声东击西的淘洗中一点一点地流失。它的横行会让"一朝被蛇咬，十年怕草绳"的诅咒笼罩更多人，让人们不再轻易相信任何人或事，让冷漠变成社会的主旋律，让和谐社会成为一个传说。

不得不提醒善良大众，在世风日下道德沦亡的时代，出来混就必须为善良穿上刀枪不入的防弹衣，不时提醒一下自己，最安全的地方或许就是最危险的地方。

第二章 敌战计

棋逢敌手，输赢看人品

第7计 无中生有

颠倒黑白大忽悠

计谋指数：★★★★★

常用指数：★★★★★

江湖指数：★★★★☆

很久很久以前，有一位才高八斗浪荡不羁的智者，名叫李耳，外号老子，他说过一句探究世界本源的名言："天下万物生于有，有生于无。"不少后继之人觉得这话说得博大精深，争相研习并陆续将这种亦真亦假、虚实不辨的思想发扬光大。其中有不少唯利是图的坑人高手，他们将这一思想跟自己的智商技能相结合，企图借用老子的招牌洗白自己，提高身价。经过千年的淘洗与实践，他们成功提炼出"无中生有"的坑人方法论，作为生存守则之一广泛流传于世。从此以后，"无中生有"与世界本源的关系日渐浅薄，反而代表了一批能够颠倒是非搅乱黑白的技能。

一代奸相秦桧就是借此发家致富，飞黄腾达的。秦桧曾经也有一颗愤青般的爱国心，可惜，现实很残酷，在金国作俘虏的岁月里，他的流氓潜质被彻底激发。虎口逃生，重回朝廷，"好死不如赖活着"成为他的信条，他一门心思琢磨如何干掉职场竞争者，让自己成为独一无二的一哥。经过努力，没多久他就荣升为高宗的亲信之一。对，只是之一，还有一位跟他平起平坐的劲敌——岳飞。岳飞战功赫赫，于内于外都好评如潮。俗话说得好，一山不能容二虎，他们之间，注定要暗流涌动，针锋相对。他们最大的分歧当属对金关系。岳飞铁骨铮铮，一心想"重头收拾旧山河"，而秦桧当过金国的俘虏，奴性十足，整天竟琢磨如何说服高宗"以和为贵"。一个扛主战大旗，一个扛主和大旗，狭路相逢贱者胜。

秦桧想着法儿地论证南宋光复故土后的N多坏处，而高宗就是一个没有主见的家伙，哪里经得住秦桧的洗脑，两三下就沦陷了，指望他报仇雪恨收复河山，纯属扯淡。此外，秦桧为了保住自己一人之下万人之上的地位，他决定下黑手干掉岳飞。可是岳飞民心所向，没有半点马脚。怎么办？秦桧暗中勾结跟岳飞有仇的万俟卨与张浚，怂恿他们轮番弹劾岳飞，说岳飞磨洋工，藐视朝廷。岳飞被降级处理。秦桧一看，只降级处理哪行！他让张浚逮住岳家军中的小兵蛋子王贵，让他诬陷岳飞的手下张宪与岳飞的大儿子岳云企图谋反。高宗真伪不辨，将信将疑地派人去抓岳飞父子。

岳飞，典型的纯爷们，江湖儿女一枚，以为清者自清，哥我没有做过，怕什么！当着领导面就开始脱衣服，把人吓得，你这是要干什么？我们喊人呐……岳飞麻利地脱完上衣，只见

"尽忠报国"四个大字深深地嵌在他的背上，字体端正，入肉三分。他还义正言辞地说："皇天后土，此心可鉴。"要抓我也行，拿证据来！

没有证据就抓人蹲大牢，这是什么司法？没有一个环节体现出严谨的司法系统里，何来公正！这些人没有一丝一毫确凿的证据，就直接将岳飞父子关押在大理寺监狱。只因民声沸腾，迟迟没有判刑。秦桧哪里坐得住？此时万俟卨又信口雌黄地上奏说，他查到岳云给张宪写信，想让张宪造谣扰乱军心，以此撼动朝廷，而且他俩精明地把书信焚毁了。秦桧逮着这机会使劲黑岳家父子，并且找来岳家军中的几个二货，威逼利诱，让他们充当证人，伪造一份行军日志，证明岳飞不听指挥，意图谋反。秦桧拿着这些证据跑到高宗面前搅动自己的三寸不烂之舌，硬是让高宗觉得有道理，把心一横，交代一句："你看着办吧！"秦桧赶紧通知大理寺：上头交代弄死岳飞。一代良将就此含冤而死。听闻岳飞亡故的韩世忠气愤不已，怒斥秦桧这是诬陷。秦桧不紧不慢地反问："这事莫须有？"莫须有，宋代口语，难道没有的意思。这场惊天冤案，竟以"莫须有"三个字草草结束。

无中生有的计谋在历史的长河中四处传染。为了放倒对手，不惜伪造犯罪事实以及犯罪证据。在某些高人眼里，法律是可以践踏的，生命与正义是可以蹂躏的。不得不感慨，如果有一个严密公正的司法系统，岳飞"被造反"的案子或许是另外一种结局！

A女只是一名普通的酒店服务员，为人单纯善良，有一个完美的家庭，过着平凡人的小日子。一天，她结识了貌似高富帅的 C 男，C 巧妙地在言语中描述自己很牛：退伍军人，自己办了一家汽配厂，更重要的是老家即将开发，一大笔拆迁补偿款在不远的将来等着他！妻子在一场意外中过世，标准钻石王老五一枚。关键是他对 A 一见钟情。

C 男常常找借口约她出去玩，次次都抢着付钱，还时不时地买些小礼物讨她欢心。久而久之，A 在他的糖衣炮弹下屈服了，总觉得自己丈夫不解温柔，开始和 C 玩起了暧昧。一段时间后，C 深情款款地对她说："你和丈夫离婚吧，把房子卖了，我们就光明正大地在一起，买套新房好好过。"听到这话，A 感动得一塌糊涂，可是又不好意思伤害老实本分的丈夫。

为了迫使 A 和丈夫顺利离婚，C 偷偷弄到 A 丈夫的电话号码，一个电话就把一切都挑明了，然后哄骗 A 说："你的丈夫同意离婚，但他要 10 万元的补偿，为了我俩的将来，我帮你出，但是我只有 5 万多元现金，还差 4 万多……"A 女一听丈夫提出这种要求，瞬间对丈夫各种蔑视。实际上，A 女的丈夫并没有索要一分钱，10 万元的分手费不过是 C 编造的借口，目的是从 A 手中捞一笔。恋爱中的女人智商为零，此时的 A 竟没有半点怀疑，立马取出 4 万元给 C，并与丈夫离婚。离婚后，A 分到了 12 万元。没多久，C 告诉她，自己一哥们是搞房地产的，新开发了一个楼盘叫迷幻人家，自己能以内部价拿到一套新房，但是要一次性交付。A 一听，乐开了花，天上掉馅饼，还砸在自己头上。当下将自己所有的积蓄交给 C 男买房子，不久，C男找人伪造了一个房产证，故作神秘地说："这个房产证是找关系办的，千万不要拿出去给人看。"

A满心欢喜地等着交房结婚，她无数次在心中勾勒美好的未来，可惜，此时，C早已携带她辛辛苦苦挣来的钱逃之夭夭。直到警方将这个传说中的高富帅抓捕归案，A才知道，什么迷幻人家，什么房子，什么爱情，都是一场迷幻的美梦，C只是一个无固定职业的小混混，所有的一切，都是为了骗取她的钱财而编造的谎言，没什么是真的。

不知道是不是问题食品导致脑残数量激增，街上看似可怜的盲人乞丐，有的已经坐拥N套房产，那些给他捐钱的穷屌丝还面对高昂的房价叫苦不迭；一些看似高傲的应聘者，丰富的履历和经验或许掺杂了不少水分；更恶劣的还是那些本没有资质的公司，为了拿到项目，搞出丰富的施工经验以及强大的实力后盾，等项目到手，最后全是豆腐渣工程……生活中这类迷幻的骗局很容易被拆穿，只要我们多个心眼，小心看管自己的贪嗔痴，多方论证，真的假不了，假的真不了。就像赵某吧，某天接到一个电话，让他上网查看爱车的违章记录，结果发现2012年6月的一天在火车站附近有一个违章，他当下就糊涂了，幸好当时正值装修房屋，每天去了哪里干了什么他都认真记录了，一翻记事本，妹妹的，自己在那天下午根本没有去过什么火车站，顿时要求交警队提供现场录像，自然没有，一切完美解决。

这个世界的真假虚实的确难分难辨，但是，这不代表我们可以用"无中生有"的计谋武装自己。为了自己的私有目的，罔顾法纪，毫无节操，坑害他人，这种肮脏的行为让人蔑视。真正的智慧，是宣扬真善美，而非假丑恶。把颠倒是非搅乱黑白当成一种成功的计谋学习，只能让世界变得更丑陋。

第8计 暗度陈仓
当面一套背面一套

计谋指数：★★★☆☆
常用指数：★★★★☆☆
江湖指数：★★★☆☆

明修栈道，暗度陈仓，这是楚汉争霸之际大将韩信开动脑筋想出的计谋，被司马迁记载在《史记》中。话说刘邦曾跟项羽约定，先定关中者为王。项羽一路血战，杀到关中时发现刘邦已经到了。项羽不服气，仗着自己实力强大，断然毁约，自立西楚霸王，封刘邦为汉王，管辖偏僻的巴、蜀、汉中三地。不仅如此，项羽还任命章邯为雍王，带领三万兵马驻扎在交通要塞陈仓，负责监视刘邦，只要刘邦踏出封地一步就往死里打。

谋臣张良见这阵势，劝谏刘邦："老大，进入封地就下令把栈道烧毁吧，一来可以让楚王知道你无东进争雄的野心，二来也可以防止小人偷袭。"刘邦信任张良，进入封地便下令烧毁悬崖峭壁上的栈道。栈道是他进入封地的捷径，相当于现在的高速公路，烧毁方便快捷的交通要道，刘邦安逸地呆在封地，鼓励生产，勤于操练，耐心地等待机会。

没多久，中原混战，刘邦一看机会来了，赶紧召集群臣商量对策。韩信建议："现在修栈道有点来不及，就算修好了也难防章邯的三万兵马。干脆不走寻常路，我们如此如此，这般这般……"刘邦采用韩信的计谋，让百来号人马日夜赶工修复栈道。对手章邯听侦察兵说刘邦派人修复栈道意图进兵陈仓，嘲笑道："修栈道，修到什么时候？三年还是五年？刘邦的脑子被门板夹过？烧的时候不悠着点，现在后悔了。好嘞，我们在陈仓等着。"

章邯哪里想到，百来号人修栈道就是专门为他排的好戏，其实刘邦早率领三军悄悄出发，从山间小路日夜兼程地赶往陈仓，留了萧何驻守后方。俗话说得好，条条大路通罗马，谁说一定得走高速。侦察兵向章邯再报告说："刘邦的大军已经在陈仓集结完毕。"章邯仍不相信，漫不经心地问："他们是飞过来的，还是飘过来的？打听清楚再来。"直到士兵伤痕累累地逃到章邯跟前，他才确信刘邦已经带领大军攻入陈仓。他措手不及，赶紧带领大部队阻击，结果输得一败涂地。最后，刘邦顺利进入大战场，弄死项羽一统中原，成为西汉的开国皇帝。

明修栈道，暗度陈仓，直白点说，就是表面编排一出精彩好戏瞒骗对手，暗中从另一条意想不到的路线杀入目的地。这条计谋与声东击西貌似是双胞胎，相似度惊人，都是表面一套背后一套的手法，都需要高调而精湛的演技做掩护，从而实现暗箱操作。它们之间有没有什么区别呢？首先一点，声东击西隐藏了攻击点，说好的从东边下手，结果从西边来一枪；而暗度陈仓重在隐藏攻击路线，目的地心知肚明，手段却雾里看花。其次，声东击西着重"声"，就是声张，故意声张，将假的攻击目标暴露给对手，让对手迷惑；而暗度陈仓突出"暗"，表面上按常规办事，实际上暗中行动。就如某些部门招商或是有关单位招聘，说好的公平公正公开考评，择优选用，结果呢？亲不避，贤未举，贪污腐败一抓一大把。再者，声东击西主"动"，主动出击，诱导敌人做出错误的判断，从而为自己的真实目的争取最佳机会；暗度陈仓却是主"静"，表面不动声色，背后风起云涌，常规的表演不过是麻痹对手的烟雾弹，为最终的奇袭赢取时间和机会。相比之下，暗度陈仓的等级明显偏高。精明一点的人可以轻而易举的识破声东击西的诡计，却难以逃过暗度陈仓的阴谋。

暗度陈仓的知名度或许不及声东击西，但是在社会生活中的曝光率绝对惊人，而且个个坑爹，招招致命。且说那些背叛婚姻偷情的人，十有八九擅长暗度陈仓的戏码。男的得瑟地表示陪客户吃饭喝酒，女的高调宣称跟姐妹淘聚会，实际上却偷偷与情人你侬我侬，甚至有牛气的高人堂而皇之地将电话存储为 10086 以躲过正宫娘娘的追查。

再说说尔虞我诈的商场，手段更是惊天地泣鬼神。年仅十九岁的内地人罗某跟同乡到香港办事，购买了一家濒临倒闭的香港公司，他成为了该公司唯一的股东以及董事。公司的诸多事宜办理完毕之后，他两次以游客的身份抵达香港，在中银香港附属银行集友银行开设了公司账户以及私人账户。随后，两个账户常常有巨额款项进进出出。不到一年的时间，两个账户先后通过支票、现金提存及网上理财的方式处理了 8300 多次交易，总金额达 131 亿港元。因为有公司作掩护，银行并没有留意其中的不妥，直到后来警方追查一个电话诈骗案，顺藤摸瓜方才发现诈骗案的款项曾进入过罗某的公司账户，随后便被转移到了国外。经过仔细的调查，原来罗某的公司根本没有任何营业记录，纯粹是一个空壳公司，账户上频繁的巨额交易很可疑。

以公司为幌子，暗地里进行大规模的洗钱，年纪轻轻的罗某可算把韩信的手段运用得与时俱进。据有关媒体披露，由于香港政策宽松，成了很多灰、黑钱洗白自己的优选之地，这些钱甚至占据了香港 GDP 的 10% 左右。

在我们不知道的黑暗世界里，不知还有多少暗渡陈仓的好戏。除开风起云涌的商界，纵观浮沉的仕途，为了升官发财，人们的手段也花样百出，将创造力发挥到了极致。就说说贿赂，直来直往地送钱收钱早就弱爆了，牛气的贿赂会在正规好戏的掩饰下偷偷进入官员的腰包，做到神不知鬼不觉。历史小说《胡雪岩》中有这样一则故事：清朝年间，想要贿赂京官的渣男一般先按惯例到琉璃厂的古董字画店问路，讲清楚想给哪个大官送多少银子，然后字画店老板会告诉他应该送一张什么字画。这幅字画正是那位大官的私人藏品，谈妥之后，老板便到大官家里，用行贿者的银子买下这幅画，再将这幅画转交给行贿者，最后行贿者将这幅画完璧归赵，一场貌似高雅的行贿活动便华丽丽的落下帷幕。时至今日，也有合法的拍卖公司成为行贿者与官员之间的栈道，只要安排妥当，经过拍卖公司的竞拍，某官员的鬼画符或是收藏品能将行贿者准备好的巨额现金顺利"过渡"。

暗度陈仓的计谋不仅能给贿赂穿上一身华丽的外衣，也能为其他的腐败行径铺平道路。上有政策，下有对策，这是官场历来的惯用手段。舌尖上的腐败也在暗度陈仓的包装下，由华丽转型为婉约。中央八项规定出台以后，各种吃喝腐败遭到严厉追杀，貌似效果显著，天下太平，实则由奢华的酒店转向低调的会所、机关食堂甚至是破旧不堪的民宅。例如某机关的内部食堂工作人员 A 表示，在领导的要求下，他们做好了一切防曝光准备，为此他们食堂专门请来星级饭店的大厨以及服务员，菜品也由人间攀升到了天堂，龙虾、茅台等等见怪不怪，为此，领导专门开会强调，食堂要加强保密纪律，不准向外透露任何信息，否则，严惩不贷。除了地点，形式的"暗度陈仓"也呈现创新态势，比如将茅台的标签撕掉，或者倒入普通酒瓶再上桌，这种低调真可谓人艰不拆！规定事无巨细，真相却让人在疼痛中醒悟，或许体制本身就有巨大漏洞，否则法律规章等等也不至于名存实亡，形同虚设。

漏洞中，让暗度陈仓最为骄傲的莫过于社会抚养费。何以言此？按照有关规定，超生的家庭将缴纳高额的社会抚养费，作为对社会的经济补偿，因为这些超生的孩子占据了社会公共资源。这种罚款貌似很合理，背后却隐藏着难以言说的秘密。既然是对社会公共资源的补偿，那么这笔巨大的费用应该用来进行社会公共资源的建设与完善，但是，缺乏财务监督的体制下，这笔钱貌似并没有用在抚养孩子上，而是成了公务员的福利补贴。一些乡镇将社会抚养费用于支持征收工作的日常开支以及干部奖励，有的地方政府甚至将这笔钱用成招待费和职工奖金。占据公共资源不过是收费时上演的"修栈道"戏码而已。

暗度陈仓，在明修栈道的掩饰下，穿上了一层看似合理的精美外衣，以谋骗普通大众而达到暗中搞鬼的目的。捞了好处还要当好人，在当代社会，它的每一个细胞里都充斥着满满的邪恶气息，都是对社会公平正义的挑战。好在人们的脑细胞不会一直缺位，不会接二连三上同样的当。与其明修栈道暗度陈仓，不如痛改前非，老老实实做人做事。

第 9 计　隔岸观火

坐山观虎斗，两败俱伤再一起收拾

计谋指数：★★★★☆
常用指数：★★★★⯪
江湖指数：★★★⯪☆

　　"隔岸红尘忙似火，当轩青嶂冷如冰。"唐朝诗僧乾康矗
立在佛门清净地，凝望着忙碌的滚滚红尘，低声吟着自己的诗
《投谒齐已》。本是份宁静高洁的精神，却被无情的岁月淘洗
得一滴不剩，单留下些许冷漠与无情，被世人引申为置身事外，
冷眼旁观。这"冷眼旁观"，与《孙子兵法·军争篇》中"以
治待乱，以静待哗"思想不谋而合，后人将两者合二为一，成
为计谋三十六强之隔岸观火。

　　隔岸观火作为计谋现身，已经从简单的冷眼旁观升级，类
似坐山观虎斗，是大多数中国人耳熟能详的故事，已暗含了一
丝算计气息。话说很久以前，有个叫卞庄子的青年外出游玩，
撞见两只老虎正美滋滋地享受一头牛，他想显摆一下，掏出

弓箭准备射杀。同行的一个朋友慌忙拉住他，说："急什么？两只老虎共同吃一头牛，够吗？让它们吃一会儿，它俩一定会因争夺最后一块肉而火拼，等它们打起来……看到小的那只老虎没有？它肯定干不过，等它们死的死，伤的伤，到时候，你再将那只受伤的大老虎 K.O. 了，不就轻而易举地捡了两只老虎？"卞庄子一听有道理，于是两人找了一处好看台耐心等待好戏上映。不大一会儿，两只老虎果然起了内讧，逮着一块肉你争我夺，能动手就不吵吵，直接干架。顿时间，一场武林争霸的动作大片上演，看得卞庄子直呼不过瘾。

武斗接近尾声，小老虎体力不支，倒地身亡，大老虎虽然累得气喘吁吁，还是得瑟地 45 度角蔑视，让你跟我争，哼，作死！只听"嗖——"的一声，一支亮晃晃的箭贯穿了自己的心脏，回头一看，呀，竟然是个人。大老虎气得两眼冒光，哥我最恨那些背后放冷枪的魂淡，你竟然……老虎还没伤感完，就"轰"一声倒下挂了。然后，卞庄子跟朋友扛着两只老虎雄赳赳气昂昂地回了家。

由此看出，隔岸观火就是在别人出现或即将出现危机时，袖手旁观，等两败俱伤之后过去落井下石，夺取最大利益。这跟趁火打劫有些许相似，貌似远房表亲，不同的是，趁火打劫在对方倒霉时出手捞取好处，而隔岸观火是坐等事态尘埃落定，然后出手扫走所有好处。举个例子，你开了 A 公司，我开了 B 公司，你和 C 公司斗得天昏地暗，我趁机搞你们两家或其中一家，这就是趁火打劫。你和 C 公司火拼，我不插手，坐看你们武斗，不进行任何商业破坏，等你们两败俱伤之后将好处全部接手，这就叫隔岸观火。

纵观人类历史，美国的崛起就是一部典型的隔岸观火实践史。美国佬不仅隔岸观火，而且隔岸助火，流氓水准到了令人发指的地步。1914 年，第一次世界大战爆发，以英、法为首的协约国和德国、奥匈帝国组建的同盟国在欧洲大陆展开了旷古未有的大厮杀，一时胜负难分。当时的美国，不像今天这般积极地充当世界警察，他表现得神淡定，冷静地对外宣称自己保持中立政策，既不偏向协约国，也不声援同盟国，然后积极地跟两大集团做生意。

欧洲战场一片混乱，各国忙于厮杀，将精力完全投入到战争中，他们的整个国家机器全部为战争而运转，很多国内生产陷入停顿状态，急需从外国进口紧缺物资。此时，美国很淡定地将钢铁、化工原料以及战争物资，特别是枪支弹药卖给两大战斗集团，大发战争横财，借着这个机会狠狠地赚了一笔。在战争开始之前，美国还是一个负债累累的国家，等到一战结束，从欠外债 60 亿美元到别国倒欠她 103 亿美元，摇身一变成为世界上最大的债权国。

这还没完，到了 1917 年，美国看形势差不多尘埃落定了，以德国为首的同盟国体力不支，战局一边倒地偏向协约国，此时，美国宣布加入协约国的阵营对德宣战。这时候的同盟国已经失去了曾经的得瑟与威严，变成了一只气息奄奄的病猫，美国的加入不过是加速同盟国的垮台而已。但是，这样的举动让美国成为了结束一战捍卫世界和平的战斗英雄，并作为协约国的重要作战伙伴以及债权人，大摇大摆地加入分割战利品的行列，分到了最大的蛋糕。第一次世界大战的结束后，原来比他更强的国家在战争的消耗中沦为二流强国，而他自然坐上了世界第一强国的宝座。在紧随其后的第二次世界大战中，美国依旧故技重施，坐享其成，奠定了他超级大国的经济实力与政治地位。

世界到处充斥着螳螂捕蝉黄雀在后的算计好戏。冷漠的围观党已经让人各种鄙视了，岂料有人可以超越围观党成为算计达人一般的存在。就说说我们身边，为了自己的利益，坐看别人打打杀杀，然后落井下石的家伙不胜枚举。

在风起云涌的商场，拥有土豪级的外国客户是众多中国商人削尖脑袋都想实现的梦，为此，不少大企业做出了力所能及的奋斗。话说上海一家大公司 X 以每公斤 6.8 美元的价格向欧共体市场出口糖钠，X 公司在中国算是牛气轰轰的大企业，实力不俗，产品质量可靠，而且守合同、讲信誉，在欧共体市场拥有不少土豪级客户。枪打出头鸟，天津一家生产糖纳的 Y 公司看上了 X 公司这批土豪客户，想从中分一杯羹，于是 Y 公司使出浑身解数，调动各种关系，使劲黑 X 公司，并且积极跟 X 公司的外国客户洽谈，为此他们愿意以每公斤 5.4 美元的价格出口糖纳。

X 公司忒不爽，跟竞争对手 Y 公司杠上了，两家公司斗得不可开交，轮番陷对方于水火，一会儿 X 公司被黑产品有问题，一会儿 Y 公司老总的性丑闻占据各大媒体的头版头条……双方同室操戈，相互残杀，严重损害了两家大公司的正面形象，欧共体市场的客户逐渐丧失信心，准备另觅供应商。此时，坐落于江苏的 Z 公司积极花巨资投放广告，并且想办法把宣传做到外国客户门前，然后主动接洽，成功将 X、Y 公司手中的土豪客户抢夺过来，逐渐成为欧共体市场上相对稳定的糖纳供应商。

在没有硝烟的商战中冷眼旁观，坐等机会吞并对手的市场份额，这对于追逐利益的商家来说是天上掉馅饼的好事。人们常说，无商不奸，大家对商场上种种坑爹行为有着宽容的态度，只要跟商战扯上关系，再坑爹的伎俩都会被漂白些许，这也是很多谈及兵法的书籍除了古代战场上的案例之外首选商战故事的原因。不过，在我看来，计谋行径无论在什么场合，都洗白不了它的小邪恶，或许大家可以选择无视坑人行为本身对小环境以及社会带来的恶劣影响，但是并不能否定这种恶劣影响的客观存在。

如果你认为在商场上算计他人无关邪恶，那么当这种邪恶渗透到你身边时，不要痛心疾首地责问社会怎么了！譬如，李某跟同事袁某同为副职，他俩是即将空缺的正职的最佳候选人，为了顺利压过对手拿到晋升的机会，李某跟袁某使出了各种杀手锏，在工作中积极表现，对部门同事各种讨好……十八般武艺轮番上演之后还不尽兴，李某决定暗中下黑手，设计陷害袁某。他找朋友请袁某吃饭，袁某不知是计，带着同事小何便前去赴约。随后领导找他，说是请他吃饭的那个朋友通过暗中渠道获得了单位重要的商业机密，从而在项目竞标中胜出，有匿名信反映机密是他泄漏的。这事袁某有口难辩，赶紧找来同行的小何证明自己的清白，谁知小何很傻很天真地说自己什么都不知道。袁某蒙受冤屈，受尽了同事们的冷眼鄙视，别说在晋升中获胜，就连继续在单位工作也显得举步维艰。最后只有引咎辞职。

李某自信满满地以为自己可以荣升，无数次在心中勾勒出美好的未来，不料，上级给他展示了一摞他跟朋友暗中接触的照片以及录音，原来小何在袁某苦苦哀求时就明白其中有诈，他偷偷跟踪李某，查清楚了李某设计陷害袁某的前因后果，但是袁某尚未离开原单位，过早地拿出材料证明袁某无辜，那岂不是白白送袁某高升，所以他干脆等袁某离开之后再将证据交给领导，自己还能因这事成为大功臣，获得高升。果不其然，最大的两个竞争对手先后落难，一时间小何成为了单位的风云人物，顺理成章地成为新一任正职领导。

人性本善，心存善念的人看到别人罹难难免心生同情，而隔岸观火是看着别人落难，不仅不施以援手，反而伤口撒盐。这种行径如同传染世界的恐怖的僵尸病毒，让人为了利益丢掉最后一丝慈悲心，变得冷血无情，活似一具具追逐利益的行尸走肉。

第 10 计 笑里藏刀

无事对你笑，非奸即盗

计谋指数：★★★★☆
常用指数：★★★★★
江湖指数：★★★★☆

　　笑是人际交往中的破冰利器，温暖的笑容让人如沐春风，随时可以拉近人与人的关系。不过，笑也分很多种，真心实意的笑容为生活添加美好，虚伪的笑容往往让人叫苦不迭。杀伤力最牛气的笑容当属笑里藏刀，美好的背后总是给人意想不到的惊吓。

　　笑里藏刀的始祖是唐代著名诗人白居易。文人总是能够用手中的笔勾勒出世道的荒凉与丑陋，他在《天可度》中指名点姓地讽刺唐高宗的宠臣李义府"笑中有刀潜杀人"，对这家伙各种鄙视与不齿。

　　李义府算是唐朝的头号腹黑坑爹男，他外表温和谦恭，慈眉善目，可人品让人十分捉急，心眼比针尖还小，因为芝麻绿豆大的事儿他能把人往死里折腾。作为皇帝眼前的红人，N多人争着攀附他，上至达官显贵，下至流氓混混，他是来者不拒。其中一个叫李崇德的小官，是京城的名门望族，时常拜会他，还主动提出将屌丝出身的李义府纳入他们的贵族族谱。这让李义府高兴不已，跟他打得无限火热。后来，李义府犯了点小错误，被贬到普州。李崇德一看这情况，急得团团转，生怕天朝第一领导要诛灭九族，那他就摊上大事了。怎么办？李义府已经失势，跟他扯上关系纯粹作死，他把心一横，跟李义府断绝来往，光明正大地把李义府从族谱上剔除，然后对外宣称，李义府闯了什么乱子跟我没有一丁点儿关系。

李义府听说了这事，心里百般不爽，人走茶凉也不带你这么直接的，但是面子上还是笑呵呵地说："没事，做人要淡定，要大度。"没过多久，他又调回了京城，官复原职。李义府回到长安立马找来几个心腹，让他们收拾一下李崇德，手下人问："找几个小流氓群殴他一顿？"李义府一拍桌子，慈祥地解释："偶勒个去，你们这种行为太黄太暴力了，小李就是不懂事而已，怎么能收买人命呢？半死不活就行了……"

手下人按照李义府的交代，诬陷李崇德，把他关到监狱，并交代狱卒："要好好招呼他，大牢里无聊，有空就请李大人出来坐坐老虎凳，喝喝辣椒水！"狱卒领了命令，闲来无事就收拾他，今儿个打打屁股，明儿个抽抽藤条，再不行，把皇家一百零八号刑具上个遍。李崇德细皮嫩肉，心高气傲，诬陷的罪名已经让他玻璃心了，还被如此折磨，简直生不如死。忍无可忍的李崇德扯下裤腰带，悬梁自尽了。听说这茬，李义府一把捂住慈祥的老脸，悲痛欲绝，嚎啕大哭，暗自叹息："你让我以后折磨谁去啊？"

白居易用笑里藏刀来形容坑爹男李义府，那是相当的合适，将这家伙善良的表面、猥琐的内心展露无疑——当面是君子，背后做小人；笑容愈发纯净，内心愈发卑劣。他们用温情无限的笑容掩盖内心的猥琐，用让人无法拒绝的笑容击穿心灵的隔阂，然后狠狠地坑害他人，赚取私利。

帕特是一家外国公司的总经理，为了一桩十分重要的生意，他亲自带队飞往日本参加高层会谈。经过十多个小时的飞行，他早已疲乏至极，希望可以赶回酒店美美地睡上一觉，以饱满的精神状态迎接会谈。不料，才走出机场，日本公司的人就热情地迎接来了，是个穿戴整齐的年轻人，他表示公司专门精心准备了欢迎晚宴，大家已经恭候多时。年轻人一边说一边躬身施礼。盛情难却，帕特只好拖着疲乏的身体赶往宴会。本想速战速决，不料公司的高层一个接着一个地来到他面前，热情万丈地敬酒，直到深夜他才如愿回到酒店酣然入睡。

第二天天刚亮，帕特尚且睡眼朦胧，日本公司便派人敲门，说他们谈判代表已经等候多时了。这一说搞得帕特特别不好意思，匆匆收拾完毕赶往会场。会场中，日方代表个个神清气爽，而帕特一行人还处于宿醉状态，昏昏沉沉，一脸倦意。一场讨论下来，结果可想而知。

这场酒宴是典型的"鸿门宴"，表面上热情万丈，笑脸相迎，实际上却暗藏杀机。生意场上，这类虚伪笑容没少坑人。热情的笑容让人难以拒绝，微笑服务成为不少商家招揽顾客的必备神器，也是不少高人赢取人心的压箱绝技。前些年，带着甜美笑容的导游对地方特色商品各种推荐，极力怂恿大家消费，有些善良的游客不好意思不买。倘若遇到理性消费的游客，购物量没有达到预期，导游立马会收起甜美笑容各种黑脸，严重的甚至可以甩下人生地不熟的游客单飞。曾经一位前辈告诫，无利不起早，没有谁会无缘无故对你热情万丈。真挚的情感是在岁月的过往中点滴积累起来的，那些主动送上热情笑容的人，心里都装着一只黄鼠狼。就说坑人的老鼠会，不肖的瘦身美容公司、恶质的高利贷者、贩毒集团、人贩子、传销人员等等，一开始对你百般友善，帮你渡过难关，关心你的身心健康，治疗你的心灵创伤，一旦你上了贼船，不把你榨成"干尸"绝不罢手。

人在江湖漂，总会遭遇笑面虎。就说楚怀王的夫人郑袖，为了除掉竞争对手，可谓将笑里藏刀发挥到了极致。话说一次，魏王送给楚王一位年轻貌美的美人，深得楚王喜欢。郑袖非常担心自己地位不保，表面装作毫不在意，对新夫人各种照顾。新夫人初来乍到，得到郑袖如此关照，自然感激。楚王看到两位夫人和睦相处，相当欢喜。一天，郑袖跟新夫人闲谈时故意说道："大王曾在我面前说你鼻子尖稍高了点儿，不好看！"

"那怎么办？"新夫人摸了摸鼻子着急地问。

"没什么大不了，以后你见了大王，把鼻子轻轻掩一掩就好！"

新夫人觉得这个办法很好，每次见楚王都用手绢将鼻子遮起来。楚王觉得奇怪，正纳闷，郑袖遮遮掩掩地告诉楚王："妹妹说……您身上有股恶心的味儿。"楚王一听，火冒三丈，下令割了新夫人的鼻子，让她容颜尽毁。从此，郑袖的江湖地位固若金汤。

说起郑袖这类耍计谋玩心计的坑人高手，久混职场的老江湖随时能在记忆深处搜罗出一两个当面好哥们背后捅刀子的家伙，直让你心力交瘁，有苦难言。

魏某在一家金融机构任职，工作认真负责，深得领导认同，在主管晋升中机会很大。单位里一位资历相当的同事主动跟她亲近起来，不时说一些"苟富贵勿相忘"的调侃话。单纯的魏某没有多心，一次，这同事打电话告诉她说自己病得严重，希望她帮忙做一下单子，明天要上交。听到平时对自己热情万丈的同事奄奄一息，心地善良的她答应了。

中途她发现有一张单子的数目有问题，就问同事是不是需要核查一下，同事在电话里说没问题，都核对过的。看到同事信誓旦旦，魏某也没说什么。岂料不久之后，经理找魏某谈话，大意是公司因为她做的错误单子而产生了经济损失，要她引咎辞职。魏某很清楚，这是同事犯的错，她找同事在经理面前对质，没想到同事竟然说没有经手过这张单子。单子上签的是魏某的名字，同事又不承认，魏某不得不憋屈地递交了辞呈。半年后那家伙升任主管，她才意识到自己有多蠢。

不过魏某的遭遇对 A 来说又是小儿科了。A 的遭遇所造成的心理阴影面积巨大，至今无法恢复。A 是某公司营业部主任，久居职场的他知道，手下的同事主要有三种：第一种，处处看领导不顺眼的愤青派；第二种，我行我素的独行侠；第三种，摸着领导屁股使劲拍的马屁帮。作为上司，马屁精那一套他还是很受用的。C便是马屁精中的佼佼者。每天上班前，C总能泡一杯香浓的好茶放在A的办公桌上，这让A十分感动。后来A经常拉肚子，身体日益不济，不得不辞职回家疗养。离职前，他推荐C顶替他的位置。当A去医院检查时，他才恍然大悟，之所以长期腹泻竟然是好心帮他泡茶的C在茶水里动了手脚，加入了少量的泻药。

真相是一把锋利而冰冷的尖刀，让人顿时感觉到世界的苍凉。无论是职场还是生活中，笑里藏刀这类利用善良与友谊的伎俩比比皆是。带着温馨笑容的"朋友"杀伤力瞬间秒杀残忍冷酷的敌人，洞悉真相的那一天当事人可能感觉心里的世界瞬间天崩地裂，天旋地转。面对笑容，很多人少了必要的辨析力和防御力，不经意间被笑容背后的尖刀伤得体无完肤。

虽说害人之心不可有，但防人之心也不可无。面对一切超乎你预期的热情与笑容，一定要多个心眼，多问几个为什么。要知道你又不是人民币，别人凭什么对你人见人爱，无事献殷勤的人必定不单纯，多一个心眼总归没害处。

第 11 计 李代桃僵

顶包大作战

计谋指数：★★★★☆
常用指数：★★★★★
江湖指数：★★★☆☆

桃在露井上，李树在桃旁。

虫来啮桃根，李树代桃僵。

树木身相代，兄弟还相忘！

——《乐府诗集·相和歌辞三·鸡鸣》

李代桃僵来源于乐府，说的是李树见旁边的桃树遭虫子啃噬，心里万分着急，感同身受之下居然枯萎了。树木尚且多情，为什么不少手足兄弟却会为了各自的利益相互倾轧？

其实，出生之初，李代桃僵弥漫着满满的正能量。比如大家熟知的葛大爷出演的《赵氏孤儿》，这算得上是中国历史上比较早且知名度颇高的李代桃僵案，真善美的牺牲赢得了观众多少泪水与点赞！但是，世间万物有阳亦有阴，有正也有反，曾经温情无限的李代桃僵计谋在坏心眼的家伙手中逐渐堕落，不知道什么时候沦落成顶包的代名词，其中充溢了不少假丑恶。

就说清朝那会儿，顶包之风盛行，形成了强大的产业链，尤以福建的漳州与泉州最为发达。《庸闲斋笔记》的作者陈其元，他老爹在福建任职时就遭遇过这样一桩凶杀案。法医鉴定死者身受十多刀，铁定是被一群人乱刀砍死。不料提审时，凶手竟是一名年仅 16 岁的清新少年。他当下就纳闷了，少年瘦弱的小身板怎么可能敌得过一个虎背熊腰的大老爷们？一经盘问，少年描述案发经过时滔滔不绝，字句标点都跟文件上记载的一模一样。陈老爹听得目瞪口呆，高度的吻合不仅给人震撼，而且让人生疑。陈老爹当下就觉得其中哪儿不对，让少年再叙说一遍，这家伙跟复读机一样，复述得分毫不差，明显在背书。陈老爹再三盘问，少年都淡定地承认自己就是杀人凶手，硬是不叫嚷一句"冤枉"。

陈老爹无奈了，硬的不行，咱们上软的！他拉着少年苦口婆心地劝导，你还很年轻，还有大好的前途……陈老爹巴拉巴拉唠叨半天，少年方才感动，哭得梨花带雨，交代说："我家穷，家里人把我挂到中介那里当'白鹅'卖，前些日子有人出钱让我来官衙顶罪……"陈老爹不听不知道，一听吓一跳，什么世道，还有这样的无良中介？他语重心长地教导少年，你这是犯法的，再说这是杀人案，杀人偿命，要是定案，是要被砍头的……一听砍头，少年就崩溃了，坑爹呢，当时中介没有说要人命！

老陈眼看自己成功教诲了一名少年，高兴地把案子发回地方重审，满心期冀地以为自己行了一善。不料，没多久，案子又回来了，凶手还是那个清新少年。老陈万分疑惑，提审他，少年是王八吃秤砣——铁了心，无论老陈如何开导询问，始终坚称自己就是凶手。陈老爹很无奈，只有定案，判少年秋后问斩。

后来，他在衙门口遇到这少年，再三询问，少年挂着两行清泪告诉他："大人，感谢您的救命之恩！小人只有辜负您了，案子发回县衙后，县官天天对我用酷刑，想寻死都没有机会。我爹妈三天两头来骂我，说是卖我的钱早都花光光了，若是现在翻案，家里就得还钱。爹妈还说，要是我出了狱，非打死我！进是死，退也是死，倒不如顺了爹妈的意。"老陈听完，泪如雨下。

穷人家的孩子不容易，谁说天子犯法与庶民同罪？别这么天真，至少现在，现实还是残酷的。不管你嫖娼、酒驾还是撞人，只要肯出钱，自然有人愿意为你顶包。就连日常生活最简单的小事都逃不开顶包，暑假作业、代写论文、雇人相亲……按着节奏，是不是以后拉屎拉尿都得找人代替了？

午夜，王某参加完聚会，微醉的他急着赶回家，驾着车在公路上飞速狂奔。突然，"砰"的一声巨响，一个黑影在眼前飞闪而过。潜意识告诉他，撞人了。下车一看，只见一个中年大叔横躺在在地上，血流不止。王某顿时清醒了许多，心里好像有万千蚂蚁撕咬一般忐忑不安，怎么办，怎么办？撞人了！他四处张望一眼，貌似没有人看见，但毕竟是人命一条，跑路似乎有点不道义，可是摊上这样的事，车又没有上保险，还不赔得倾家荡产！

突然，他头脑里闪过一哥们的身影，赶紧打电话，将情况简单描述一番，电话那头仗义地说："大哥，放心，我马上开辆带保险的车来。"调换车辆后，王某再三叮嘱那哥们把肇事车上的血迹清理干净并藏好。然后，王某镇定地拨打了110以及120，经医院救治，受伤的大叔只是重伤，并没有生命危险。事后，经责任认定，王某醉酒驾驶并且超速行驶，负事故的主要责任。保险公司赔偿了20万给王某，王某赔偿了伤者16万元，倒赚了4万元。可惜，世上哪有不透风的墙，这事被人举报了，后经调查，确定王某用带保险的车辆代替自己的事故车辆，诈骗保险公司20万元。交通肇事外加保险诈骗罪，这回王某是回天乏术了。

俗话说得好，要想人不知，除非己莫为。无论有多无奈或是多正当的理由，错了就是错了，企图用谎言掩盖错误的人，结局无非是陷入无限的圆谎迷宫，最后身心俱疲，独自承担错误背后的代价。

为了实现自己的目的，总有人游离在法律边缘，仿佛基因里自带了李代桃僵这套手段的操作指南，总是侥幸地以为自己会被幸运女神青睐。这不仅体现了很多人对法律的不知悉，更体现了潜意识里对法律的不尊重，跟整个社会的意识形态有着密切的关系。真正可耻的，当属那些处心积虑玩弄顶包计赚取私利的家伙。

A是个球员，跟球队谈妥条件后，在合同上签下了自己的名字，随后球队负责人拿合同去盖章，等合同再次回到他手中，合同上盖的却是香港一家公司的章。A不解，球队解释为有关规定。直到自己向球队索要曾经许诺的百万年薪时，他才恍然大悟自己中了李代桃僵计。负责人表示，球队并没有欠A一分钱，因为写有百万年薪约定的合同，盖章的并不是他们，倘若A不服，可以起诉那家香港公司。A当下就傻眼了，自己跟那家香港公司没有一丝一毫关系，不存在劳动事实，凭什么起诉人家？

虽说商人无国籍，但不能无节操，可现实告诉我们，工业添加剂顶替食品添加剂肆虐横行，腐坏的肉制品浸泡福尔马林后顶替正常肉类堂皇售卖，寒冬里狗肉顶替羊肉高价赚钱……挂羊头卖狗肉的行为，总有人乐此不彼。

真的假不了，假的真不了，无论目的如何，顶包这种硬生生的欺骗，和叫嚷"狼来了"的家伙一样，一步步摧毁着别人对他的信任，终究会一败涂地。为了自己的利益，就牺牲别人的幸福甚至生命，这和直接谋财害命有什么区别？当顶包之风吹遍大地时，人与人之间的信任被摧毁殆尽，那样的社会，该是多么恐怖！

第 12 计　顺手牵羊

强盗小偷不解释

计谋指数：★★★★☆
常用指数：★★★★★
坑爹指数：★★★★☆

镜头一：餐厅里，一堆残羹冷炙旁，几位食客若无旁人地将餐厅提供的一摞高档纸巾塞入自己的包里，大摇大摆地走出餐厅。

镜头二：飞机上，两衣着光鲜的美女爱不释手地打量救生圈，趁空姐没留意，一把塞入随身的行李袋子，带下了飞机。

镜头三：一群登山游玩的老头老太太对山脚下农家园子里的水果蔬菜惊叹不已，感叹一番有机无农药之后，身形矫健地翻过篱笆，放手采摘……

镜头四：外国酒店的餐厅里，一些中国人吃完早餐后，将自助供应区内摆放的黄油包顺手打包。

……

这类故事每天都在上演，它们有一个共同的名字——"顺手牵羊"，其思想渊源可追述到明代兵书《草庐经略》。这本兵书在军事史上小有名气，它主张兴"仁义"之师，"禁暴安民"，绝不能"顺手牵羊"。私人财产神圣不可侵犯，这在诸多法律条文中都有迹可循。可是，依旧有很多人本着不拿白不拿的信仰，脸不红心不跳地侵占私人或公共财产，不以为耻，反以为荣。

第二次鸦片战争中顺手捞走圆明园中各类珍宝的英法联军将士，就让人表示很无奈。传言双方在火拼时，英法联军船坚炮利，一路打到天津，咸丰皇帝一看胜利无望，火急火燎地派怡亲王载垣带领谈判小组赶到天津跟英法军方代表巴夏礼谈判。谈判中途，怡亲王载桓等大脑缺氧，不讲道义地将巴夏礼一行人全部扣押为人质，企图威胁英法联军退兵。英法联军一听天朝扣押了他们的谈判专员，急火攻心，立马怒攻帝都。听说人质关押在圆明园，联军直线杀入。一进圆明园，瞬间惊呆了：偌大的园子，雕梁画栋，美轮美奂，陈列的珍宝美玉精美绝伦，收藏的典籍字画独一无二。入园的联军将士早将解救人质的神圣使命连同"私人财产神圣不可侵犯"的教条忘得一干二净，成群结队地冲入园中哄抢金银财宝和文化艺术珍品。一张张海盗的嘴脸展现无遗，你搬景泰兰瓷瓶，我拿绣花长袍；你再挑高级皮大衣，我趁机拿镶嵌珠玉的挂钟……有的背着一个大口袋，把各式各样的宝贝往口袋中塞；有的使劲往外衣宽大的口袋里塞金条和银锭；有的干脆将精美的织锦绸缎裹在身上，把翡翠项圈套在脖子上，还激动地往帽子里堆各种宝石珍珠……甚至有人为了抢夺同一样东西而大动干戈……不少中国人渣也趁乱参与其中。就这样，这座金碧辉煌的皇家博物馆被洗劫一空，变得满目疮痍。

佛家有云，菩萨畏因，凡人畏果。此话说得真心不错，聪明的人会考虑长远结局，而凡夫俗子只在意当下利益。为了眼前的蝇头小利，道德人品气节等等都是浮云，随时可以抛至九霄云外。更有人将无耻发挥到了极致，不仅堂而皇之地侵占别人的私人物品，而且以自己能捞取蝇头小利而得意洋洋。

话说一天下午，张某到银行网点的ATM机上排队取钱，前面的冒失男边取钱边接电话，急急忙忙离开后，银行卡还留在提款机内，提款机还停留在操作界面。张某瞬间邪恶了。为了骗过监控录像，她淡定地拿出自己的银行卡，假装插入插卡口，然后以迅雷不及掩耳之势悄悄将自己的卡丢入包内，用遗留在ATM机内的卡实施操作，尝试取现5000元，成功了。她心中的高兴翻涌而来，天降横财，自己也有走运的一天。她又摁了一次，希望再取出5000元，结果余额不足，没有成功。张某压制住欣喜的心情，淡定地将5000元放入自己的包里，然后走到保安身边抱怨，ATM机出故障了。保安发现，有一张卡插在插卡口。银行联系到失主后，失主才发现卡内被人取走了5000元。而张某还怀着侥幸心理，以为自己捡到一笔意外之财。她甚至暗自忖度：如果失主发现了，大不了还他就是，谁叫他那么不小心。可惜，最后发现她的是警方。

不问自取是为盗。无论解释得多么冠冕堂皇，都改变不了顺手牵羊的低劣本质。这种行为不仅伤害他人，而且也贬低了自己。将顺手牵羊运用得炉火纯青的，当属那些小偷吧，不管是大街上、公交车上还是地铁内，哪儿都有他们的身影。笔者的一个朋友，一个月之内掉了3部新手机，恨不得全世界追杀小偷。一部手机无关生死，可那也许是别人省吃俭用几个月才买的；如果小偷偷的是钱包，那也许就是别人正等着救命的钱……一个顺手牵羊，会给别人造成多么难以估计的灾难！

跟小偷比起来，"窃钩者诛，窃国者侯"的行为更是丧心病狂。譬如王某，32岁的他成了年薪几十万元的国企高管，同时担任A、B两家公司的财务总监，分分钟都是几千万的生意。这已经让不少屌丝羡慕嫉妒恨了，可欲壑难填，看到如此大手笔的资金流量，王某难免起了贪念。他决定用别人的鸡下自己的蛋，将国企的闲散资金利用起来，跟朋友开办了C、D两家公司，开始了他的造蛋计划。钱哪有那么好赚，公司是开上了，想要像国企那样大笔赚入，肯定有难度。为此，王某在下属于某的提点下，想起了在学校学习的老本行证券期货，不禁感慨："聪明的天才懂得如何用钱生钱！"他拿来C、D两家公司的资料和印章，让于某开设了C、D两家公司的机构股票账户，自己则着手准备挪用公款注入这两个账户打新股。公家的钱与其放在银行贬值，不如在贬值前给自己先下点蛋，王某如是盘算着。

万事俱备，只欠东风。一年后，A公司被一家大型国有集团公司收购，A、B公司同时成为这家大型国企的子公司。后台更硬了，闲置资金也就更充裕了。王某见机，赶紧通知于某将A公司账户上的1000万元打入他们私人公司的账户里，由于某负责操作打新股。打新股毕竟来钱慢，况且受到政策限制，手握大把资金想要搏一把的王某哪里忍得住，他决定改变求稳的打算，让于某直接到二级市场炒股票。短短几个月，两人赚进30万元。尝到了甜头，王某一发不可收拾。随后，他将A公司的2200万元公款划到自己公司账户里炒股，净赚100多万。

王某见好也不收，为了在股市赚更多的钱，不惜动用街道办事处给B公司的189万余元专项扶持款。政府办事程序复杂，B公司不花上N道手续甭想动用这些钱，只有暂时挂在账上。由于缺乏监管，财权在握的王某找个机会，悄悄将专项扶持款划到A公司账上，再让于某转到自己公司的账户。就这样，街道的专项扶持款摇身一变，成为扶持他炒股的专项资金。

王某精心地盘算着，每次都赶在年终审计前将顺手挪走的资金还回公司，弄得天衣无缝，神不知鬼不觉。几次涉险过关之后，王某成功晋升为老油条一枚，胆子越来越大，觉得自己聪明谨慎，不会露出任何马脚。可是，常在河边走，哪有不湿鞋。最终，监管部门发现公司资金有异动，准备着手调查其中的猫腻，王某和于某这才慌了神。屋漏偏逢连夜雨，此时，他们在股市亏大发了，没办法，赶紧抛掉股票，卖掉房子，四处借钱，把挪用数额补上。但是在股市中损失太大，债台高筑的他们最后还有一个300多万的窟窿补不上。反贪部门顺藤摸瓜，将两人的违法行为查得一清二楚，最终，本来大有作为的王某在贪婪面前输得血本无归。

人非圣贤，孰能无过！在诱惑的战场上，谁能保证时刻管得住自己的贪嗔痴，芸芸众生的我们对此表示很无奈。与其无数次地谴责犯错者的道德，不如从根本上建立一套有效的监管体系，让监管体系成为锐利的眼睛，时刻盯着那些企图顺手牵羊的权力掌握者。有眼睛而没有眼珠，道德再高尚的人也难免一失足成千古恨，让贪婪战胜理智，私欲弥漫公心。

当然，道德建设不可或缺。如今，顺手牵羊已经成为了我们生活中见怪不怪的存在，每天都有人被顺走东西：请搬家公司或家政，家里的东西被顺走；在公共场合办事，一不小心随身物品被顺走……更悲催的是，当你找到"顺"东西的家伙，要求他物归原主时，竟有奇葩会理直气壮地对你叫嚣："顺手牵羊不为盗，那是捡到的东西，凭什么给你。"节操何在，底限何存！要是芸芸众生在观念里认可了这种肮脏的手段，把它封为偶像各种膜拜，未来的世界是何等悲怆！

曾有人对我说，法律是枪，道德是糖，只有软件硬件都过硬，社会才会顺着我们期待的方向前进。这话说得真好！

第三章　攻战计

煮熟的鸭子可不能让它飞了

第 13 计 打草惊蛇

委婉提醒大 boss：你够了

计谋指数：★★★☆☆
常用指数：★★★★½☆
江湖指数：★★★★½☆

蛇是一种让人不寒而栗的冷血动物，它们隐藏在草丛里，遵循自己的生命轨迹生活，与人本没有什么你死我活的冲突。然而，不同的物种狭路相逢，难免产生误会或冲突。因此，当人类要穿行草丛时，为了防止被蛇袭击，我们总结出一套行之有效的生存智慧——打草惊蛇。打草惊蛇一直作为一个简单易懂的生活常识存在人类的头脑中，直到战火纷飞的南唐出了一个腐败男王鲁。他为打草惊蛇添加了一抹文学意味，让它摇身变成另一个表示手段高明聪明绝顶的词汇。

这个故事最早被宋朝人郑文宝记录在《南唐近事》里。话说南唐时，安徽当涂的父母官王鲁生性爱财，贪污腐败，他常对手下人说："生逢乱世，有钱傍身最重要。千万不要当什么清正廉明的好官，要不别人都贪污纳贿，唯独你两袖清风，上头还不把你当眼中钉、肉中刺拔了。"王鲁为了敛财，无所不用其极，有人请吃请喝，他一定大摇大摆率先入座，有人送他金银珠宝，他来者不拒。但凡遇到什么邻里纠纷、人命官司，这家伙打心眼里高兴，这是老天给他送钱来了。只要他收了别人好处，被告变原告，有理变无理，必败变必胜。上梁不正下梁歪，县衙里的大小官吏依样画葫芦，跟着大肆敛财，搞得民不聊生，百姓对此敢怒不敢言。

一次，上面要派人下地方巡查政绩，整肃吏治，他小心翼翼地安排接待工作，生怕出篓子耽误自己的乌纱帽。谁知在批阅公文时，看到了本县百姓联名告发他的主簿王球贪污受贿、强抢民女等恶行。他心知肚明，这王球干的好事，有不少还是自己授意的，百姓单单告发王球而绝口不提他王鲁的大名，一是有心无胆，二是苦无证据，要是被逮着证据自己也必死无疑。要说这王球也就是市井无赖一枚，因为擅长溜须拍马，识不了几个大字的他一路节节高升，成为王鲁的得力助手。仗着有县令撑腰，王球肆意横行，逮着机会就捞钱，小到十个八个鸡蛋，大到百两金银，他都来者不拒。县里百姓不敢招惹一县之长王鲁，就逮着这家伙，联名将他鱼肉乡里、作恶多端、强占民女等种种恶行拟成状子，交到了县令王鲁手里，并扬言，不严惩王球他们就越级上告。

王鲁一看状子上细数的桩桩案件，顿感心惊肉跳，坐立不安，这些案件很多都跟自己有莫大关联，上级领导要是追查起来，自己九条命都不够死，于是他颤微微地在状子上批示："汝虽打草，吾已蛇惊。"后来，王鲁辞退了主簿王球，从此也收敛了很多，不敢再得瑟地收受贿赂了。最后，他虽然逃过此劫，却一直忧心忡忡，不到半年便病死了。

经此一役，打草惊蛇从具体化为抽象，由低层人民的生存经验成功迈进了计谋之列，原意是打击次要敌人惊动了主要敌人，本是作战一大忌讳。但是，高手反其道而用之，主动打"草"以惊动隐藏的"蛇"，让对手或收敛或暴露，从而达到目的。有时候，敌暗我明，不知敌人是谁、在何处，主动"打草"以发现敌人之所在，然后一招致命，完胜对手。军队中侦察兵的火力侦察便是打草惊蛇的完美体现，许多战斗打响前，为了探出敌人的火力分布，有些侦察兵会隐蔽在暗处，主动弄出些声响，然后细心观察敌人从何处开火，有些什么装备。俗话说，投石问水深，打草观蛇行，正是此理。

不难发现，打草惊蛇有两层意思，低级的是比喻行动不谨慎，不小心透露了自己行踪，让对方有所察觉。在很多人眼里，打草惊蛇就是这个意义。然而高手不然，高手反其道而用之，主动打草，从而实现自己的目的。就说民国时期鼎鼎大名的流氓大亨杜月笙，他就曾成功地玩了一把打草惊蛇。

俗话说人红是非多，杜月笙的名号在上海滩响当当，他的风流韵事自然也是各大媒体热衷挖掘并报道的题材。好的新闻他自然喜闻乐见，坏消息就让他心里憋屈，火冒三丈。他很想修理一下报他丑闻的报社与记者，可暗中一查，心里凉了半截，这些知名的大报社后台硬朗，不是洋人办的，就是洋人的亲戚办的，又或者是某个大牌的买办、商人坐镇，真心不敢动人家一根毫毛。杜月笙硬忍着，每次看到自己的丑闻都恨得咬牙切齿。

后来，无锡一个地方小报《锡报》在审稿时马虎大意，发表了一篇文章《杂谈》，文中提到了杜月笙的名号，其实也并不是什么坏话，不过是轻描淡写的几句调侃，完全无伤大雅。但杜月笙是上海大亨，这寥寥数笔的游戏文字格外引人注意。杜月笙正愁找不到机会收拾收拾口没遮拦的新闻界，《锡报》正好给了他一个突破口。他吩咐手下的小八股党，把《杂谈》的作者宋痴萍以及报馆主编吴观蠡抓来一阵毒打，而且把报社砸了个稀巴烂。最后，吴家找到了上海租界工部局的华文秘书刘春圃去说情，杜月笙看在刘春圃的面子上，要求吴观蠡风风光光地摆上二十桌请手底下的弟兄们喝酒，这事才不追究了。他这么一闹腾，整个上海新闻界炸开了锅，都知道杜月笙因为几句调侃砸报馆打作者。杜月笙算是老江湖，这么明目张胆地派人又打又杀，绝对不是因为那几句调侃。他不敢动有后台的大报社，但是又不希望这些不知天高地厚的记者对他戳暗枪，放冷箭，因此，他只有选《锡报》这种软柿子捏，张狂地砸了报馆打了人，意在警告整个新闻界。从此，很多报社收敛了许多，对他杜月笙相关的新闻慎之又慎，生怕得罪了杜大爷，惹上麻烦事。倒是可怜了那家没有后台的小报社，尤其是那个穷屌丝作者宋痴萍，被打得打七窍流血，没多久就不治身亡了。

杜月笙这般打草惊蛇，说好听点是好汉不吃眼前亏，通俗点说就是欺软怕硬，不敢跟"蛇"正面对决，所以选择牺牲无辜的"草"。

此外，身边创新版打草惊蛇的好戏也让人目不暇接。比如学校的收费乱象，国家是三番五次要求整改，相关文件都发了好几摞，结果全被无视了。教育收费是属于行政事业性收费，除了国务院等部门，其他任何部门没有权力出台新的收费项目，学校不得擅自设定收费项目，收费不得超标准、扩范围。但是，家长最清楚，从"服装费"到"赞助费"再到捐资"助学费"，学校有的是收费手段，名目繁多，屡禁不止。仔细分析，其中少不了打草惊蛇这类好戏，它的精彩程度直接让人想匍匐在地膜拜。但凡上面下达严查整改命令，必须层层传达到地方教育局，由地方教育局实施整改。问题就在这里，如果遇到上级要求保密的内容，处于中间某层级的教育部门接到相关文件，在着手调查前，会率先召集地方学校的校长或是教研主任开经验交流会等，经验交流完毕，就含蓄地交代几句，把接下来的重大任务委婉地透露一下，暗示下级提前做好准备工作，违规的那些事儿尽早处理妥妥的，如此才能你好我好大家好。这么一番擦边球的提醒，久混江湖的高人早已洞悉其中的奥秘，要么积极做好善后工作，要么收敛一些，别让相关人员或是媒体抓到什么把柄。

打草惊蛇，在发展过程中被一些人扭曲了本质，时不时显露出满满的恶气息，倘若不分时间地点，不问青红皂白，其危害性之大不言而喻。

第 14 计 借尸还魂

恐龙到女神，中间隔着一道天堑

计谋指数：★★★★☆
常用指数：★★★☆☆
江湖指数：★★★★☆

话说很久很久以前，有一枚仪表堂堂风流倜傥的绝世少年，名唤李玄，他集智慧美貌于一身，标准的高富帅，让不少穷屌丝羡慕嫉妒恨。太上老君慧眼识珠，决定收他做入室弟子，教他修仙的本领。一天，太上老君想带李玄上天堂神游一圈，让他见识一下天上的美好与辉煌。但是，凡人肉身不能上天界，怎么办呢？李玄只有灵魂出窍。临走之前，李玄告诫徒弟，好好看着他的肉身，要是肉身毁了，他就彻底挂了；如果七天之后他还没有回来，就说明他已经得道成仙，此时就可以把他的肉身烧了。徒弟很小心地看着师傅的肉身。到了第六天，徒弟家里来信，说是他娘病危，怕是不行了，让他赶紧回去见他娘最后一面，好好料理后事。徒弟此时是左右为难，走了会辜负师傅的嘱托，不走是对母亲的不孝。徒弟急得像热锅上的蚂蚁，不知如何是好。此时有人出主意了："你师父都去了六天了，要回来早回来了，估计已经得道成仙，你就放心大胆地烧了他的肉身，回家料理亲娘的后事吧！"

徒弟一听，也是，师傅是谁呀？美貌与智慧并存的化身，他肯定能够留在天上当神仙。他一把火烧了李玄的肉身，收拾包袱回老家了。等李玄神游回来，左找右寻就是找不到自己的尸体，没有办法复活。自己就这么"被死"了，李玄心里特憋屈，要是就这么到阎王爷那儿去报到，自己死得太不甘心了！

他的灵魂在纠结中到处游荡，突然发现一个瘸腿的乞丐饿得奄奄一息，他灵机一动，好呀，干脆就等他挂了，借他的尸体一用，可惜，这家伙长得也太寒碜了点。等那老乞丐一嗝屁，李玄以迅雷不及掩耳之势附在他的身体里复活了。他看看这副寒碜的躯体，回忆起曾经那个高富帅，感慨一声，然后把手中的木棍变成铁棍，一瘸一拐地走了。没错，他就是传说中大名鼎鼎的八仙之一铁拐李。

李玄这哥们就是一传说，不值得大家迷恋。不过，这段故事流传至今，倒是让人们记住了一个诡异的词"借尸还魂"。借尸还魂的生命力太强大，堪比撒哈拉的仙人掌，它从神秘莫测的风水大师那里逐步扩大领地，现如今，已经成功转型，在社会各个行业拥有自己的强大追随者，其中还有很大一批属于忠实脑残粉。在偶像的带领下，他们将借尸还魂的手段玩得炉火纯青。

于是，不少本该死去的东西，不甘命运的终结，本着能祸害就祸害的信条，垂死挣扎地现身在我们生活中。它们横跨无数地区，染指各大产业——泔水回收提炼的地沟油，烂苹果加工生产的苹果酱，烂葡萄酿制而成的葡萄酒……林林总总，不一而足。

一向以价格取胜的"普药大王"蜀中制药在百姓心里都是温暖可靠的，他们的药品在业内也是出了名的低价，并且质量也有保证。可是随着中药材价格的不断疯涨，各个药厂都不得不想方设法降低成本增加利益，为此不少商家都走上了歪路，蜀中制药也未能逃脱，这着实令老百姓心寒。根据国家药典检测要求，板蓝根颗粒在进行成分检测时只检测氨基酸一项，而且定性不定量。原因很简单，板蓝根本身就自带亮基酸和精基酸，只要成分检测中检测到氨基酸，就等于合格。这种粗糙的检测方式，给药商留下了巨大的发挥空间。为了降低生产成本，蜀中制药瞄上了本该随垃圾一起逝去的苹果皮。苹果皮里面精氨酸和亮氨酸含量特别高，可以成功借用板蓝根的身份，混入板蓝根颗粒的生产线。经过一系列的工序后，苹果皮化身为板蓝根颗粒，顺利通过检测，成为合格的药品，畅销市场。然而，苹果皮就是苹果皮，尽管它跟板蓝根有那么一丢丢相似，却远远代替不了板蓝根的药用价值，用苹果皮制造出来的板蓝根冲剂，虽然吃不死人，但是也治不好病，反而会延误病情。那些追随普药大王的小老百姓，不过是用几块钱买了一堆没有药用价值的垃圾。作为与百姓健康息息相关的企业，罔顾百姓身体，损害百姓利益，这种"借尸还魂"死一千次都不够。

借尸还魂，看上去道行高深，实际上不过是自私自利的手段而已。不经过别人的允许就随便借用他人的东西逃过消亡的命运,这种自私自利的手段和偷有什么区别?不求你做解救世人的超级英雄,但不能为了一己之私迫害他人。

就说翻新机吧,人在江湖漂,谁没挨过刀,多少英雄好汉被翻新机坑过!Ａ在手机市场买了一款新手机,新潮的外形让他爱不释手,应用也挺丰富多样,直逼风靡全球的爱疯。可是没用多久,手机就出了故障,老是死机。这可把他郁闷得不行,拿回市场修了几次,反反复复,治标不治本。后来Ａ忍无可忍,找了一位技艺高超的师傅检修,师傅看后,淡淡地给他说:"小哥,买的打折货吧!你这手机里面很多软件都是回收再利用,使用寿命能长吗?"据了解,很多电子产品回收后,都会加入借尸还魂的阵营,把能用的部件重新组装在新机上,再战江湖。更恶劣的还有那些回收废旧车辆部件的家伙,那无耻的样儿让人不忍直视。废旧车辆部件再现江湖,准备拉多少人命去拜见阎王爷?他人的幸福乃至生命在这些人眼里一文不值,为了多挣一分钱,就是叫他们去毁灭世界他们也会趋之若鹜!

借尸还魂在历史前进的步伐中,不断与时俱进,与高科技黑客连为一体,让人防不胜防。以前,恶意软件编写完成后,黑客是通过自己的网站传播恶意代码,但是随着安全厂商检测能力的提升,这些传播恶意代码的网站走到了尽头。为了挽救颓败的战局,黑客们想到了一个狠招,利用合法的第三方网站来托管恶意软件,不仅效果好,而且不用付费。因此,当我们在互联网上晃来晃去的时候,常常会莫名其妙地踩到陷阱,瞬间变得不幸福。

　　借尸还魂带着奇幻的色彩降生，又带着诡秘的色彩在生活中扎下根。就说改朝换代之际，总有不死心的臣子拥立亡国国君的后代为王，借着前朝皇帝的名号招摇撞骗，自己把持国政，操弄权术，利用人们的正统观念来实现自己的军事与政治目的。百姓又不都是瞎子，想怎么骗就怎么骗？一个乞丐穿了龙袍，你说你是皇帝，你就真的是皇帝吗？要知道，无论掩饰得多好，都改变了不了事物的本质。历史自有公论，时间自会洗涤，当面子上那一层厚厚的脂粉被洗去的时候，留下的才是本来面目。恐龙，无论如何伪装，跟女神之间还是隔着一道天堑。

　　生活总要翻篇，该逝去的就该让它随风逝去。唯有记住过去，眼看未来，心怀节操，大胆迈步，才能让明天走出新的篇章。借用一具腐尸，只会光鲜一时，然后随着腐尸彻底烂掉。

第15计 调虎离山

打不赢大的总可以揍小的

计谋指数：★★★☆☆

常用指数：★★★★☆

江湖指数：★★★★☆

调虎离山，本意是设法使老虎离开原来的山冈，比喻用计谋调动对方离开原来的有利地位，以削弱对方的抵抗力，减少自己的危险。典出吴承恩《西游记》第53回："我是个调虎离山计，哄你出来争战。"不独军事上，在政治斗争中也常用常新，渐趋神化，而且走上了阴险的路数。

春秋时期，群雄并起，各路诸侯为了成就一番雄图霸业，纷纷摩拳擦掌。为了名利，道义、亲情早已成为路人，我们所熟知的吴王阖闾——也就是夫差他爹——就曾联合伍子胥无良地使用调虎离山这等手段，干掉了自己的兄弟吴王僚，才得以登上王位。

阖闾小名叫光，他一直想除掉现任吴王，取而代之。可是，僚有三个十分骁勇善战的儿子作为左膀右臂，让人难以下手。不得重用的大将伍子胥看出了端倪，聪明地投靠了阖闾的政治阵营。如果帮阖闾夺取了王位，他自己的荣华富贵也不远了。

　　一年，吴国的死对头楚国国君挂了，楚国陷入混乱。伍子胥逮着这个机会找阖闾商量："机不可失，时不再来，我们要想办法劝说吴王趁机发兵攻打楚国，然后再想办法把他那三个儿子引出去，到时候就剩吴王一个光杆，我们要成大事，还不手到擒来？"吴王也当真是个头脑简单的人，不仅听从了他们的建议，乐呵呵地准备趁机搞死楚国，还询问阖闾有什么好的部署，如何实现速战速决。阖闾建议："能及早动手的就不吵吵，直接发兵强攻。"然后阖闾借口自己脚被扭伤了，不能带兵建功立业。伍子胥趁机推荐吴王的两个儿子掩余、烛庸当兵马大元帅，带领雄纠纠气昂昂的大军去攻打楚国，能一拳打死的就别打得半死不活，省得楚国变成打不死的小强。就这样，吴王阵营的两员虎将被弄出去了。还剩一个，又怎么办呢？阖闾很激动地跟吴王说："咱们不能这么独吞，容易引起其他兄弟国家的不满，到时候人家舆论一边倒，我们连个说话的人都没有。这样，让王子庆忌出使郑国以及卫国，说服他们跟我们一起伐楚，到时候别人也不敢说什么屁话，大王你光辉的形象也保住了。"

　　吴王僚脑袋缺根弦，丝毫没有怀疑，同意了这个计划，让自己的儿子庆忌也离开了吴国。俗话说，山中无老虎，猴子称大王，阖闾跟伍子胥处心积虑地把吴王的三个实力超强的儿子弄走了，单留下吴王这个孤家寡人。然后，他们收买一个刺客干掉了吴王，轻轻松松地发动政变，成了新一届最高领导人。只是可怜了吴王僚那三个儿子，空有一身本事，也不敢再踏入吴国半步，孤苦零丁地亡命天涯。

别看阖闾在历史也小有名气，但是这段过往足够让人鄙夷。人都有追求，为了实现自己的目标而拼尽全力是值得肯定的，但是，为了一己之私不惜利用诡计牺牲他人就过分了。人可以自私，但不能自私到令人发指。同样是调虎离山，很多明星常常遭遇狗仔队跟拍，为了保护自己，他们时不时会利用替身引开准备偷拍的记者，好让自己全身而退。这没有什么不可以的。可是，要是遇到那些处心积虑利用调虎离山手段坑害他人赚取私利的家伙呢？

小丽是一家小超市的店员，她上班认真负责，坚守自己的岗位，从不离开柜台半步。一天，一名长得一脸正气的帅哥走过来，拿着一瓶普通的花露水，貌似要付款。帅哥问："这个能不能去痱子？"小丽回答："不能。"帅哥再三要求小丽帮他找一瓶能去痱子的花露水，小丽本着顾客就是上帝的思想，锁了收银箱，给他拿了一瓶花露水，帅哥又说要大瓶的。小丽看了一眼商品区，好像没有，便说："你稍等，我去商品部问问，看看还有没有？"他很淡定地点点头，目送小丽离开，然后站在商品柜旁边很淡定地掏出手机打起了电话，随后，另一名猥琐男出现在小店里，直奔小丽工作的柜台，不客气地开始翻柜台，看到了小丽放在柜台下方的爱疯手机，这家伙三下五除二揣到自己包里，堂而皇之地离开了。

小丽从商品部拿来了大瓶的去痱花露水时，帅哥却淡淡地说："不要了。"然后迅速离开了小丽的视线。女人的直觉告诉她，不对，很多男同胞买东西很简单，拿着就付款，这个帅哥怎么这么不爷们？等小丽走到柜台，才发现柜台被翻得横七竖八，自己省吃俭用买的爱疯手机也不翼而飞。调出监控一看，这俩没节操的坑爹男跟她玩分工合作，调虎离山呢！

这种桥段在我们身边随处可见，还有人带上孩子一起出动，切实奉行教育要从娃娃抓起的理念。你在 ATM 机上取钱，身边游荡着一枚天真无邪的孩子。当你取现成功，旁边的熊孩子一把抓住出钞口的钱就飞奔离去，此时，你该怎么办？立马转身追出去，那你插在 ATM 机里的卡八成被熊孩子的同伙取走；不追，那就只有白白损失一笔现金。

21 世纪的坑人高手 IQ 水平明显增高，调虎离山的伎俩在不断完善与改进下，威力大增，让人防不胜防。在天下太平的岁月里，在宣扬法治与道德建设的社会里，这种手段成了他们用来坑害普通大众谋取私利的绝佳利器，它得瑟地唱着"不坑你坑谁"的歌谣，在我们身边来去自如。

夜幕降临，A 先生开着自己的商务车往家里赶。跟很多司机一样，习惯性地将包放在副驾驶座上。途中遇到一个红灯，就停了下来。绿灯亮了，他刚踩油门准备前进时，听到一声巨大的爆胎声，A 先生左顾右盼地瞅瞅，心里嘟囔："哪个二货这么倒霉，爆胎了！"然后继续前进。不一会儿，他发现不对，车子像喝了两斤二锅头似的，往一边倾斜。难道刚才的爆胎声……A 想都不敢想，将车缓缓停靠在路边，下车一看，哎呀我去，果真是自己的后车胎爆了。没办法，A 先生只有取出备用轮胎换上,然后去附近一家汽车维修店补胎,结果补胎师傅告诉他,是一根铜管插进了轮胎导致漏气。补胎师傅好心提醒他:"赶紧瞅瞅自己有没有丢东西!最近我们经常接到这样的业务,估计是小偷干的,等你们下车换胎时偷东西。"一丝电光闪入 A 先生的大脑,他回忆起刚才的点滴,顿时觉得心惊肉跳,自己估计是难逃厄运。他立即回到车上,发现自己的包不翼而飞,里面可装着刚收的货款五万元! A 先生万分无奈,被偷了却连小偷的影儿都没瞅见,倒霉到家了!唉,要倒霉起来,喝水都塞牙,现在科技进步了,生活方便了,骗子也供不应求了,骗术还与时俱进了,这日子没法过了。

再说网购,商家为了方便广大消费者,开通了货到付款的真诚服务,坑爹男就盯上了这个节骨眼。某快递骑着摩托车到 A 小区送货,收件人说自己腿受伤了,不能下楼取货付款,能不能让快递受累帮他送到七楼并收取货款。快递有点为难了。再一琢磨,算了,给他送上去吧,几分钟的事,要是顾客对快递服务不满意,给个差评,自己还得扣工资呢!他将摩托车上的货物捆绑结实后,拿着包裹迅速冲入电梯,找到地址后敲门一问,查无此人。他掏出手机拨打对方电话,关机了。快递男觉得不对,赶紧下楼,谁知道短短几分钟时间里,捆绑好的其他待送货物已经被人翻得乱七八糟,丢失了一件装有 5 部苹果手机的包裹,巧的是,购买这件货物的顾客也是留的这个小区的地址,而且也是货到付款。按照预留的电话拨打过去,关机;按照预留的地址找去,查无此人。

快递男泪奔了,无奈之下报了警,等警察叔叔查清真相后,骗子的与时俱进差点让人膜拜。就一个差评的威胁让快递男离开了几分钟，趁此机会，骗子就火速赶往快递男的摩托车旁，三下五除二找到自己虚报的另一个名字，而这个名字下所购买的东西往往价值不菲。

　　生活中调虎离山的陷阱完整得丝毫找不到缺陷，再聪明再理智的人都免不了有上当的时候，有时候真的不是人们不够机灵，而是他们技术太完美。在民主与法治的今天，调虎离山的存在如同地狱的腐尸，一点一滴地侵蚀我们的纯真与善良，企图将整个世界拉入黑暗的地狱，跟它一同腐烂。

第 16 计 欲擒故纵

看我如何 360° 无死角蹂躏你

计谋指数：★★★★☆
常用指数：★★★☆☆
江湖指数：★★★☆☆

猫抓老鼠，仅仅一个回合，老鼠就成功被擒。猫很不屑地俯视它一眼，松开了爪子，老鼠看有机可逃，准备开溜，跑出几步开外，被猫一把摁住尾巴，吧嗒一声摔在地上。猫又一次放开爪子，老鼠又一次准备开溜，不幸，又一次被猫狠狠摁倒在地……如此 N 回之后，老鼠精疲力竭，肉体惨遭蹂躏，心灵饱受折磨，斗志早已毁灭。此时，猫得瑟地说："跑哇，跑不动了？算了，玩够了，吃了你！"这就是经过 N 代猫的总结与传承，所总结出来的对付老鼠的办法——欲擒故纵。

这招计谋的思路来源于老子的《道德经》："将欲歙之，必固张之；将欲弱之，必固强之；将欲废之，必固举之；将欲夺之，必固与之。"当时这一思路还很抽象，后人结合实战经验将这一思想具象化，起名"欲擒故纵"。说到欲擒故纵，那必须得提起名扬千古的打工皇帝诸葛亮，他就曾用这招帮自己的东家成功占领西南一带，建立蜀国。

话说三国时期，刘备北争不过曹操，南斗不过孙权，干脆带领大军入主易守难攻的西南一隅，休养生息，养精蓄锐，以便他日北上争雄。大军刚进入西南地区，刘备就不行了，白帝托孤后直接见阎王爷去了。刘备刚挂，不少人想乘机兴风作浪，拉拢地方上的少数民族准备干掉蜀军，取而代之。为了平定大后方，诸葛亮亲自南征，三下五除二搞定了那些兴风作浪的人，剩下一大批土生土长的少数民族同胞，骨头硬，性子倔。怎么办呢？经过多番思索，诸葛亮把目光停留在一个叫孟获的纯爷们身上。这孟获是众多首领中威信最高的，只有拿下他，后方才能安定。诸葛亮再三告诫手下，遇到孟获，不要伤他，他的命值钱！

孟获是铁铮铮的硬汉一枚，眼看自己的兄弟战败而归，一怒之下亲自带兵攻打蜀军。蜀军在诸葛亮的吩咐下假装打不赢，撤军了。四肢发达头脑简单的孟穷追不舍，结果中了埋伏，被活捉了。诸葛亮在营帐里摆上宴席招待孟获，说："兄弟，咋样，今天被我活捉了，服不服？"孟获就一硬骨头，怎么肯低头认输。诸葛亮又说："不服？行，我放你回去，再来一场，怎么样？"蜀军将士不明白，辛辛苦苦才抓到孟获，现在又这么轻易放了他，诸葛亮不紧不慢地解释："抓他，犹如探囊取物，咱们只能让他心悦诚服，才能彻底解决后方的混乱。"

孟获被释放以后，重整旗鼓，又一次进攻蜀军，又一次被活捉了。诸葛亮劝降，孟获还是不服。诸葛亮又放了他。就这样放了又捉，捉了又放，一次又一次，一直捉了七次。孟获第七次被捉的时候，诸葛亮还要再放，孟获却不愿意走了。他流着眼泪说："丞相七擒七纵，待我可说是仁至义尽，我打心底里敬服。从今以后，不敢再反了。"孟获回去以后，说服各部落投降，听从蜀国的调遣。

什么是欲擒故纵？想要彻底完胜敌人，就要在可控的范围内放松再勒紧，放松再勒紧，从精神上摧毁他，从心灵上折磨他，让他的斗志粉碎性骨折，让他的肉体彻底瘫痪，最后玩死他。在玩弄敌人的过程中，还不忘利用各种舆论导向，树立自己高大善良的正面形象。亲们，有没有感觉隐藏其后的杀气满满地奔泻而出，好不惊人！

在战斗激烈的商场中，公平竞争从来都是废话。为摞倒对手，不少商人不惜丢掉人品，利用欲擒故纵的手段狠狠修理对手。话说 20 世纪 60 年代初，美国哈瑞尔公司开发了一种喷雾式清洁剂"处方 409"。新产品得到广大顾客的追捧，迅速占领市场，成为明星商品。所谓同行是冤家，大家都敬畏三分的波克特甘宝家庭用品公司也想搭上"处方 409"的热潮狠捞一笔。财大气粗的波克特甘宝公司决定推出同类产品"新奇"，与"处方 409"一争高下。哈瑞尔公司自知财力物力不及别人，虽然"处方 409"先上市，有一定优势，但是，想到要跟实力雄厚的波克特甘宝公司长期抗战，哈瑞尔公司的高层还是不禁倒吸一口凉气。为了彻底干掉对手，奠定自己的江湖地位，公司高层权衡利弊之后，觉得正面公平对决没有胜算，从背后捅刀子才是上上策。

哈瑞尔公司通知全国各地的连锁店停止销售"处方409"，完全为敌人腾出市场。这样一来，市场紧缺，给顾客带了诸多的不便。当"新奇"上市时，那些买不到"处方409"的顾客便抱着应急的姿态，用"新奇"作为暂时替代品。第一批"新奇"被抢购一空，供不应求。看到首战告捷，波克特甘宝公司决定扩大生产规模，大批量生产"新奇"。哈瑞尔公司通过暗中打探，得知对手已经投入大批资金生产"新奇"时，他们认为反攻的机会来了。他们加大广告投入，所有的经销店都贴出了醒目的广告："特价优惠出售大包装的处方409"。物美价廉，顾客自然舍弃原来的替代品，结果"新奇"堆积如山，资金链中断，损失惨重，最终退出了消费市场，彻底完败在哈瑞尔公司的手段下。

欲擒故纵这种手腕，除了用来对付竞争对手，不少商家还将它与营销策略整合，攻占市场以期取得商战的决定性胜利。清朝末年，东印度公司在中国开启鸦片销售的策略堪称此招的先锋。为了让鸦片成为中国人不可或缺的东西，他们勒紧裤腰带将鸦片大方地送给中国人，手把手地教他们吸食，还好心地协助地方乡绅建立烟馆。等一切准备就绪，鸦片成功打入中国人的生活，高昂的费用让他们转瞬间数钱数到手抽筋。不得不感慨，这种毒品式销售与欲擒故纵手段之间可以完美地画上等号。

如今毒品已经成了人人喊打个个鄙视的家伙，但是，欲擒故纵的销售模式从未消失。当年，可口可乐公司为了打开中国市场，也率先无偿向中国商家提供价值 400 万美元的可乐灌装设备，并花巨资在电视上做广告，提供低价的浓缩饮料原液。一时间，可口可乐广告铺天盖地，产品迅速席卷中国市场，征服了大量的消费者，中国经销商也从中获得了不菲的收益。但是天下永远没有免费的午餐，可口可乐成功占据中国的饮料市场后，中国人已从最初的观望变为乐于生产和消费可口可乐。然而，当中国经销商想要进一步发展时，可口可乐公司表示，想要进口设备以及原料得付费！根据中国市场的需求，可口可乐大幅提高价格，海赚了一笔。

如今，计谋伎俩也实现了中外合资，毒品式营销手段成为不少商家的拿手法宝。不少私立医院为了网罗病患，免费发放健康卡，提供免费体检等等，当你真正踏入医院体检时，小病当大病医，大病当绝症治，不榨出点油水甭想走出医院的大门。还有很多便民药房，早就将悬壶济世这类思想品德砸得粉碎，为了赚钱，欲擒故纵的手艺也不逊色。药房里的药品一般分普药和新药两种，普药是没有专利权并且是大量使用的药品，适用人群众多，任何厂家都可以生产，竞争大，利润薄；而新药正好相反，进价低，售价高，利润丰厚。为了吸引顾客的光顾，很多药店时常打出"回馈新老顾客"的牌子，将部分普药降价或打折处理，而将新药高价出售，外加上"满就送"的活动，让顾客真心认为有便宜可占，一窝蜂地冲进药店消费。药店不仅赚了人气，而且新药的销量同步增加，普药上降的价以及搞活动花费的钱财，早就在新药的销售量中翻倍地赚回。

有人说，兵不厌诈，商场如战场，拼得你死我活是在所难兔，因为对手叫"敌人"。是敌人就可以不择手段吗？要知道，这个所谓的敌人，不过是为了获得利益而贴上的标签。商场上只有永远的利益，没有永远的敌人，而在人与人的交往中，只有永远的人品，没有永远的赢家。当你把别人当案板上的肉使劲宰割．时，别忘记有一种规律叫"风水轮流转"。

欲擒故纵让实施者有一种猫面对老鼠时藐视众生的傲慢与得瑟。生活中的点点滴滴都可以寻得见欲擒故纵的影子：女生面对心仪的男生表现出的忽冷忽热的暧昧；屌丝购物时面对讨价还价时表现出的要买不买的犹豫……欲擒故纵早就化为一种生活态度，甚至成了一种深烙人心的生存手册。为了赢得利益，耍心眼，玩手段，早就司空见惯。但是，"狡兔死，走狗烹，飞鸟尽，良弓藏"，当老鼠越来越少时，猫又将如何施展自己的绝技？21世纪，我们的社会需要的是秩序，而不是那些把普通善良、遵守道义的人民大众当成老鼠肆意玩弄的坑人精英。

第17计 抛砖引玉

想不劳而获只有去做梦

计谋指数：★★★★☆
常用指数：★★★★⯪
江湖指数：★★★⯪☆

抛砖引玉，抛出砖去，引回玉来，比喻用自己粗浅的意见引出别人高明的见解。这个词语是我们生活中常见的口头禅，但凡开会，首先发言的人都会习惯性地客套一番，自谦地表示自己只是抛砖引玉。对一般人而言，抛砖引玉，这个词语很普通、很平凡。

抛砖引玉最早出现在宋朝人写的禅宗灯史《景德传灯录》。相传唐代高僧从谂禅师在赵州观音院做主持时，由于禅风恬淡，深受人们尊崇。一次，众僧晚上参禅，从谂禅师故意说："今天晚上答话，有闻法解问者出来。"从谂禅师佛法造诣深厚，这么询问是想试探弟子们的定性，此时，大家应该是盘腿正坐，闭目静心，不动不摇。恰恰有一个小和尚沉不住气，走出礼拜。

从谂禅师瞟了他一眼，不紧不慢地说："刚才我是抛砖引玉来着，结果却引来一块比砖头还不如的土坯。"

抛砖引玉还有一个很文雅的传说故事。相传唐代诗人常建听说大诗人赵嘏要去游览苏州的灵岩寺。为了请赵嘏作诗，常建先在庙壁上题写了两句，赵嘏见到后，立刻提笔续写了两句，而且比前两句写得好。这个故事很形象动人，但是仔细推敲一下两人的生活年代，却发现常建去世 41 年后赵嘏才出生，看来此故事纯属虚构。

在我们的眼中，抛砖引玉本应该还是曾经的那个砖那个玉，但是在有些人那里，它早已面目全非，成了"类以诱之"的计谋技巧，就是给你蝇头小利作为鱼饵，等你上钩之后加倍攫取大额好处。但凡有钓鱼经验的人都知道，想要钓到鱼，就得先在鱼钩附近撒些鱼饵，用些许蝇头小利让鱼儿顺利上钩。所谓有舍才有得，抛砖引玉的计谋在我们的生活中可谓频频上演。

为了成功收集阿富汗地区塔利班武装分子的情报，自封世界警察的美军专门组建了一支由 46 名女兵构成的海军陆战队特别行动组（FETs），人称"红粉军团"。这些美女的主要任务不是上阵杀敌，而是与阿富汗地区的妇女交朋友，然后从她们口中套取有关塔利班的信息，如果运气好，遇到丈夫或是儿子正在塔利班服役的家庭妇女，那就钓到了一条大鱼。

阿富汗地区的妇女思想比较保守，不轻易接受外国人，特别是跟塔利班有关系的人，更是视美国人为死敌，跟美国女兵勾搭上绝对是要命的一件大事，会为她们引来杀身之祸，加上文化冲突带来的困难，红粉军团想要成功撬开阿富汗妇女的嘴谈何容易。为此，女兵们不惜卸下头盔包裹上五颜六色的头巾，显示自己对当地习俗的尊重，必要时还给她们带去一些人道主义的安慰以及物质帮助，想以此卸下阿富汗妇女对她们的敌意，敞开心扉跟她们交朋友，然后在一来二去的交往中套取塔利班的有效情报。

阿富汗妇女或许以为自己交到了一个真正关心自己的美国朋友，可以跟她们抱怨丈夫的凶残或是儿子多年未归，可惜，这些"真心"的美国朋友会为她们带来灭顶之灾。在美军和塔利班交火的主要阵地附近，塔利班武装分子经常利用望远镜监管村民的生活，一旦发现她们与美国人交谈，无论交谈的内容是什么，一律格杀勿论。

说到套话本领，头脑里自动浮现出金庸笔下的流氓达人韦小宝，这家伙两面三刀地混迹在各种利益集团里，用一两句无关紧要的真话博取别人信任，最后套取一堆有价值的情报为我所用，将抛砖引玉的计谋用得如鱼得水。先撒鱼饵后放钩，这算是人们钓"鱼"的惯用伎俩，例如，A 为了成功套取竞争对手公司的技术情报，主动结交对手公司的核心技术员 B，他经常主动邀请 B 去吃饭或是喝酒，席间常常有意无意地抱怨自己公司老板怎么不讲道理，并主动抖出一些公司的小秘密……B没有多长心眼，一直以为这家伙是一个大气的哥们，值得结交。一来二去，A 开始在话语间询问 B 所供职的公司的一些情况，为了让 B 放下戒心，他还大胆地表示自己想跳槽去 B 的公司。

"咱们公司技术部的实力怎么样？像我们这种搞技术的，就得跟高手一起混，跟一堆废物合作，智商都被拉低了。"A

有意无意地询问着，并且认真记住 B 说的每一句关于工作的事情。每到 B 欲言又止时，他故作生气地说："怎么？信不过兄弟是不是！"最终他成功套取了大量有价值的情报，让自己所供职的公司几次在竞争中胜出，同时，他也从公司获得高额的回报。

别以为钓"鱼"好戏只在尔虞我诈的战场，我们生活的周遭总是隐蔽着诸多钓鱼高手，处心积虑地撒好鱼饵等待我们上钩。很多商家常常推出一些会员卡、打折优惠活动或者主动派送精美小礼物来招揽顾客，只要做得不过分，姑且算是一种正常的营销手段而已。但是，林子大了，什么鸟都有。某理发店生意一直冷清，为了成功招揽顾客，他们在各大网站以及传单上打出低价一折消费的广告宣传，并且声称来店有礼。不少顾客看到之后心就动了，想去试试。学生小吴就是其中一员，她跟朋友冲着一折的诱惑来到理发店询问详情，店员率先拿出一款精美的小饰品送给她们，这让她们高兴不已。简单询问一下价格，陶瓷烫 1200 元，拉直 800 元，想想一折也就一百来块钱，两人高高兴兴的答应了。一番折腾之后，店员拿来账单，小吴做了陶瓷烫，消费了 1200 元，朋友选了拉直，消费 800 元，根本没有打折。没等小吴开口询问，店员就主动介绍她们办理会员卡，强调会员卡享受一折优惠！

小吴跟店员理论了半天，店员拿出他们的宣传单，指着硕大的"一折"前面米粒大点的"会员"两个字，表示是小吴两人没有看清楚。小吴不悦地询问会员卡的办理情况，店员嘴角露出一丝笑容，说："一次性充值 1500 元以上就可以办理。

办理后当次就可以享受一折优惠。"小吴气得差点喷血，不办理会员卡，本次消费两人合起来就是两千块钱，办理会员卡享受一折消费，也才花费 200 块，没得选择，小吴只好刷卡充值办理了一张会员卡，这才得以离开理发店。

用精美的小礼物做鱼饵，引诱爱美的美眉上钩，最终变相强制办理会员卡，这种方式的确让理发店一次性累积了不少稳定的顾客，也海赚了一笔，但是，这样的强买强卖带给顾客的是不幸福感，只会让顾客痛恨并且远离。很多像小吴一样上当受骗的顾客一定会叮嘱身边所有的朋友，千万不要去这家店。这种没有核心竞争力，靠耍手段生存的商家，注定要在暗流涌动的商战中死无葬身之地。

除了这类土匪式的抛砖引玉，一些高大上的手段也让人无力吐槽。逢年过节的景区"降价"，就是一档抛砖引玉的好戏。国家有关部门下发了"优惠令"后，各地景区纷纷在官网上打出降价牌，特别是"五一"、"十一"这类黄金周，更是声势浩大地宣告降价。看到降价，外加有关部门取消部分高速公路的过路费，这让不少人心动出行。等到了景区一看，大失所望，景区各种消费高不说，很多降价的景区并不像想象中那么山清水秀。精明的游客难免发现降价范围和幅度虽然"声势浩大"，但仔细看名单就会发现很多著名景区例如八达岭长城、云台山等都不在其列。说到底，向广大群众亮出的优惠景区不过是一些本来就没有人去看的地儿。用声势浩大的降价打折宣传吸引游客出游，让不少上当的游客失望而归。

占小便宜是很多小市民的共同缺点，抛砖引玉的计谋正好抓住这个点，能坑多少就坑多少。要知道，天下永远不可能有免费的午餐，老天爷也不会无缘无故给你馅饼，想要得到回报就必须付出代价，乞丐都还要每天装可怜博同情挣钱呢，想不劳而获还是马上去睡觉吧，看能不能做到这样的美梦。

第 18 计 擒贼擒王

枪打出头鸟，说的就是你

计谋指数：★★★☆☆
常用指数：★★☆☆☆
江湖指数：★★☆☆☆

天宝末年，哥舒翰奉玄宗之命征伐吐蕃，杜甫前去观战，只见吐蕃损失惨重，尸横遍野。杜甫痛心疾首，写下了一首《前出塞》，意在讽刺唐玄宗的开边黩武，杀孽深重。诗曰：

挽弓当挽强，用箭当用长。
射人先射马，擒贼先擒王。
杀人亦有限，列国自有疆。
苟能制侵陵，岂在多杀伤。

俗话说，一千个读者就有一千个哈姆雷特。杜甫的本意只是希望广大百姓不要成为政权争斗的牺牲品，但是，无聊之人只摘取一句"擒贼先擒王"，便成就了"擒贼擒王"的计谋。这种断章取义的能力，中国人堪称世界之最。

怎样操作擒贼擒王呢？看历史人物的升级攻略吧。话说安史之乱时，安禄山连连大捷，气焰嚣张，为了及早搞定大唐，他儿子安庆绪派勇将尹子奇率十几万劲旅进攻江淮交通要塞睢阳。据守睢阳的是御史中丞张巡，他见敌军来势汹汹，敌众我寡，难以取胜，因此决定据城固守，坚壁不战。尹子奇率领大军屡攻不下，只得鸣金收兵，将睢阳城团团围住。张巡看形势，据城坚守不是长久之计，想要彻底解决睢阳之危，得想办法拿下尹子奇。不拿下尹子奇，他随后就能号召几万人马再次强攻过来。张巡决定以逸待劳，让将士们分批在城墙上击鼓呐喊，像是要出城迎敌一般，尹子奇的部队不辨真假，只有随时绷紧神经。折腾到半夜，钢铁侠都撑不住，敌军将士疲乏至极，倒地就呼呼大睡。瞅着这机会，张巡带着士兵冲杀出来。尹子奇大军从睡梦中惊醒，惊慌失措，乱作一团。张巡带领守城将士，接连斩杀敌军无数将士，军威大振。张巡下令告诫手下将士，千万不要放过敌军头头尹子奇，绝不能让这家伙有机会再战江湖。

将士们一路冲杀到敌军帅旗之下，左顾右盼，就是没有认出尹子奇是哪位！此时两军混战，乱作一团，想要找到尹子奇更是难上加难，怎么办？张巡心生一计，让士兵迅速用秸秆削尖代替箭射向敌军，不少人中箭后以为自己玩完了，但仔细一看，自己中的是秸秆箭，心中不禁大喜：张巡军中早已没有箭了，赶紧报告尹将军。他们争先恐后涌向尹子奇报告这个好消息。一瞬间，以尹子奇为圆心画了一个大圆。张巡见状，立刻辨认出敌军首领尹子奇，急令神箭手瞄准射击。尹子奇收到好消息正得瑟，"嗖——"的一声，一根货真价实的箭正中自己的左眼，鲜血淋漓。老大受伤了，大军瞬间失去了指挥中心，十几万将士瞬间群龙无首，任由张巡收拾。

擒贼擒王的操作守则是：抓关键，戳泪点，灭重点，杀主力。总之，逮着要害使劲折腾，一举拿下，别给对方重出江湖的机会。任何事物、任何组织都有关键点，就说球场上，球队的主力就是赢球的重要因素，很多时候要赢得比赛，就得想办法攻击对方的主力，弄折一个是一个。讲究公平公正的球场尚且如此，更别提暗流涌动的商界，擒贼擒王的计谋随时都在翻新花样。

克莱斯勒，美国著名的三大汽车巨头之一，就曾为擒贼擒王现身说法。1978 年的某一天，艾科卡因个人恩怨被福特公司解雇了，被炒鱿鱼的他心情还来不及伤感，就被重金聘入行将倒闭的克莱斯勒公司。艾科卡已经在福特公司服务了 32 年，担任福特的高层领导近 20 年。这样一个熟悉福特的精英，只用了短短 6 年时间，就让克莱斯勒公司起死回生，从破产的边缘一跃成为行业的翘楚。

到达新东家的第一步，艾科卡就想方设法招募了曾效力福特的三位已退休的经理：加尔·克劳斯，福特公司销售经理；保尔·伯格莫泽，长期主持福特采购部；汉斯·马赛厄斯，福特公司负责生产的副总经理。他们都曾为福特公司立下汗马功劳，被誉为奇才。其后，艾科卡又通过私人关系掌握了福特的大批初、高级管理人才的档案资料，然后挨个游说，让他们相继离开福特公司，加入自己的新阵营。此外，他还招募了很多福特、大众等汽车公司的经验丰富的技术工人。企业的大换血，让濒临破产的克莱斯勒公司成功复活，并且成为行业的神话。

虽说艾科卡的行径稍显不义，但好歹也是光明正大挖墙脚，和现在某些人前显正气人后使手段的家伙相比，根本不算什么。譬如李某，X网络公司的总经理。一天，朋友告诉他某政府机关准备进行局域网升级，项目总金额估计在300万左右，更重要的是，朋友跟该局信息科科长是小学同学。朝中有人好办事。李某敏锐的鼻子闻出了钱的味道，他迅速托关系搭上了信息科的胡科长，一桌饭局，三杯好酒，胡科长跟他算是熟络了，一口答应在正式招标时暗中相助。

可惜人外有人，天外有天，当你信奉关系制胜时，你肯定会栽在比你关系更硬的人物手里。第二天下午，胡科长来电话说："单子出了点变化，今天上午局长找到我，说别人向他推荐一家Y网络公司，让我联系联系。我一打听，原来局长的侄子在Y网络公司当销售经理，估计这单你们没希望了。"李某赶紧哀求："哥，你得帮帮兄弟啊……这样吧，胡哥，你把局长侄子的手机告诉我，我自己想办法。"放下电话，李某想了一会儿，觉得局长的侄子是这个单子成败的关键。于是他四处打探，了解到局长的侄子叫孙某，一年前到Y公司工作，两个月前刚刚提升为销售部经理，这家伙好赌成性，而且最近手气不大好，经济状况比较拮据。

周末，李某通过各种裙带关系将孙某约到麻将桌前，牌桌

上另外两家都是李某的下属，李某下过命令：不准胡牌，只许
给孙某点炮。两圈麻将下来，孙某赢得不亦乐乎，心情大好。
晚饭时分，李某提议出去吃点东西。几杯酒过后，李某说，"孙
兄弟，你知道 21 世纪最贵的是什么？人才！尤其是孙兄你这
种能人。我们公司一直想找个副总裁，就没遇到合适的。不知
孙兄是否有兴趣？"

孙某不傻，早就明白李某的意思，委婉地回答："兴趣到
是有，不过 Y 公司待我不薄，我不能说走就走。"李某赶紧说：
"孙兄弟，现在是商业社会，人才的流动是很正常的。待遇方
面我给你双倍，怎么样？"孙某眼睛一亮，高兴地答应了。随
后，孙某向 Y 公司交了辞职报告，到 X 公司走马上任副总裁，
凭着他的关系，招标会上，局域网升级的项目顺理成章地落入
X 公司手中。

说好的公平竞争呢？在这个秩序乱七八糟，人品千疮百孔
的时代，公平公正是一个遥远的美梦，不是交给社会精英就可
以万事无忧坐享其成的，得靠我们每个人为此付出努力。

说到关键、要害，每个人、每个组织都有，在哲学的范畴，
抓关键、找重点是没有是非之分的中性行为，但现实生活中，
凡事都有一个度，过分了就不好。

第四章　混战计

乱世更容易出"英雄"，
越混乱越容易打劫

第 19 计 釜底抽薪

斩草不除根，野火吹又生

计谋指数：★★☆☆☆
常用指数：★★★★☆☆
江湖指数：★★☆☆☆

如何让一锅滚烫的开水冷却下来，有人选择往锅里加凉水，有人选择抽掉锅下熊熊燃烧的柴火，彻底端掉问题的命脉。这就叫釜底抽薪。这一思路早在《吕氏春秋·尽数》中就有总结。表面上只是一个生活经验，而且貌似真理，然而，真理与谬误只在一线之间，当心术不正之人将它引入计谋库，釜底抽薪就不再单纯，会衍生出新的意义：搞垮别人要抓住对方命脉，一招致命，让敌手永世不得翻身。

纵观中国历史，行兵打仗历来都是粮草先行，粮草算是军队的命脉，士兵吃不饱怎么打仗？所以，战场上的釜底抽薪忒没有技术含量，缺乏创新，往往都是你烧我粮草，我断你后路。其中别出心裁，最让人称道的，莫过于一代枭雄曹操。东汉末年，中央政府实力不济，地方豪强纷纷组建自己的武装力量，一时间大大小小的割据势力各据一方，相互征伐。挟天子以令诸侯的曹操，盘踞北方的袁绍，称得上其中的佼佼者。公元199年，袁绍组建10万精兵南下，与曹操在官渡对峙。曹操手下3万人马想要完胜袁绍的10万精兵基本属于扯淡。长期相持不下，粮草就成了关键，日子一天天过去，曹军的粮草日益削减，眼看就要到底了，而袁绍的将士个个精神抖擞，一点没有在外久战的饥饿相。曹操想断他粮草却不知他的粮草藏在哪儿！不料此时，袁绍的谋士许攸跟袁绍闹翻了，一气之下投奔曹操，将袁绍军中重要信息供了出来。原来袁绍让大将从邺城运来了大批粮草，偷偷囤放在距官渡40里的乌巢。得知这个消息，曹操高兴不已，连夜亲率五千精兵偷袭乌巢，一把火将袁绍的粮草烧得精光。人是铁饭是钢，一顿不吃饿得慌，袁绍10万大军没了粮草，顿时军心浮躁。曹操趁机发起反攻，以3万兵力完胜袁绍10万饥肠辘辘的将士。经此一战，袁绍损失惨重，从此一蹶不振，再没有实力南下争雄。

用一句通俗易懂的话解读釜底抽薪，那就是打蛇打七寸，逮着对方致命的节点狠狠下手，斩尽杀绝，绝不留下一丝喘息之机。商战中，不少人为了彻底干掉竞争对手，常常从幕后下手，侧面暗算，让强大的对手瞬间成为一个泄气的皮球任由宰割。例如清朝著名的红顶商人胡雪岩，在对手的釜底抽薪下转瞬间从首富的位置跌落到贫困潦倒负债累累的境地。

胡雪岩的倒霉得从李鸿章左宗棠的政治斗争说起。他跟左宗棠私交不错，为左宗棠解决了不少资金上的难题。他曾代表清政府以私人名义向汇丰银行借款 650 万两白银，之后又借了 400 万两，清廷承诺，这两笔借款都以各省的协饷作担保，每年的协饷一到，上海道台府就会把钱送到胡雪岩手中用以还款。

人红是非多，作为左宗棠身边得力的筹款高手，其他政治阵营自然看不惯。为了限制左宗棠的势力，在李鸿章的授意下，大商人盛宣怀开始各种筹谋，企图弄死胡雪岩。要想弄死一个商人，关键得让他的资金周转不灵，胡雪岩的钱庄遍布全国各地，只要弄垮他的钱庄，其他的一切自然手到擒来。

经过一番严密的筹划，盛宣怀先找上海道台邵友濂，让他将还款的协饷拖延 20 天发放。晚 20 天发放协饷对官员来说无关紧要，可对于胡雪岩却是致命的。在瞬息万变的商场，时间就是生命。胡雪岩刚遭受生丝生意的失败，盛宣怀趁机以此为借口造谣说胡雪岩的资金即将告罄，汇丰银行当然担心自己的钱收不回，急忙向胡雪岩催款。事发突然，上海道台死活不肯准时给他协饷，洋行又步步紧逼，不得已，胡雪岩只好从自己的阜康银行调来 80 万两银子垫补漏洞。对于钱庄满天下的胡雪岩来说，如果只调拨这 80 万两银子，不算什么事儿。但是，由于盛宣怀暗中作梗，阜康银行被迫釜底抽薪的戏码才刚刚开始。

盛宣怀托一些有钱的大户到阜康银行提款挤兑，同时让人四处造谣，说胡雪岩生意失败，欠了洋行巨额贷款，阜康银行倒闭在即。谣言一起，一些有钱的大户又纷纷赶去阜康银行提款，老百姓谁还坐得住，挤破门槛也要提款挤兑。不一会儿的功夫，阜康银行杭州分行宣布倒闭，紧接着，各大城市的分行也在盛宣怀的恶意挤兑中纷纷倒闭。钱庄倒闭，胡雪岩失去了重振雄风的根基，最终不得不宣布破产。

为了打压政治对手，不惜摧残别人用一生累积的一切，盛宣怀的所作所为实在是令人不敢苟同。俗话说打蛇打七寸，倘若生命受到威胁自然情有可原，但是蛇不会主动攻击人，在这种情况下，贸然下狠招未免太残暴。人活一世，难免会遇到种种敌人，但是并不是所有的敌人都罪该万死。为了实现自己的目的，不惜狠毒而残忍地端掉敌人的重要命脉，这种釜底抽薪跟武侠小说中那些为了斩草除根而屠杀敌人无辜的妻儿的行为一样恶心。

商场上，这类残酷的好戏不知上演了多少回。鼎鼎大名的国美电器就可悲地跟釜底抽薪扯上了关系，话说国美的职业经理人陈晓一直提议推广股权激励计划，让优秀的管理高层可以分享国美电器的股份，从而激发团队的激情与战斗力，但是国美电器的大股东黄氏家族不甘心自己的股份被稀释，无数次反对这个方案。当黄氏家族的大当家黄光裕因违法进了看守所之后，陈晓趁机带领广大管理层与大股东之间掀起了一场内乱。陈晓管理国美的过程中跟所有股东有良好的联系，特别是美国知名的贝恩资本。贝恩资本是成立在马萨诸塞州的私人股权投资机构，别说在中国，就连在美国本土也是首屈一指的大财团。贝恩资本占有国美股权 9.98%，而且实力强劲，谁赢得贝恩资本的支持就意味着这场争夺战的胜算在谁手里。明白这个关键之后，陈晓决定趁黄家危难之际拉拢贝恩资本，实现自己的议案并趁机稀释黄氏的股权。陈晓通过自己的办法得到贝恩资本总经理竺稼的支持。有了贝恩的支持，其他举棋不定的股东自然一边倒地偏向陈晓，陈晓一度压倒了黄氏家族。

但是，瘦死的骆驼比马大，黄氏家族为了挽救颓势，动用所有的关系希望可以跟贝恩资本的总经理竺稼交朋友，从而说服他转向支持黄氏家族。最终在一个朋友的引荐下，黄氏家族的代表人见到了竺稼，经过几个小时的谈判，黄氏家族承诺给予贝恩更大的好处，双方达成了五点协定，成功拉贝恩资本进入自己的阵营。黄氏由此成功击败陈晓，不仅保住了股权更使黄氏在国美的权力得以强化，此外，他们还将为国美付出诸多努力的陈晓彻底踢出局。

我十分欣赏某些动画中的善良设定，华丽丽地将对手放倒之后，对手恶狠狠地说，要么你杀掉我，否则我一定会回来的……男主角酷酷地回答，杀人的事没兴趣，要想找我麻烦随时恭候，照样把你放倒。这才是强者应有的姿态。上天有好生之德，古人狩猎尚且网开一面，多一点慈悲，不要动不动就赶尽杀绝，一个釜底抽薪的念想就有可能断送别人一辈子的前程或者生命。予人玫瑰，手留余香，懂得手下留情，适可而止。

第 20 计 浑水摸鱼

月黑风高夜，一切尽在不言中

计谋指数：★★★☆☆
常用指数：★★★★☆
江湖指数：★★★★☆

走在人头攒动的街头，抬眼一望，清晰可见的"永和豆浆"招牌分外醒目，走入店内点一杯豆浆，却发现味道不对。"永和豆浆"算得上有口皆碑的知名品牌，怎么会这样？仔细端详才发现，这家叫"永私豆浆"，"私"写得像极了"和"字。想必不少人都有这样的乌龙经历，"百事可乐"变身"白事可乐"，"可口可乐"变身"可曰可乐"，"娃哈哈"变身"哇哈哈"，"五粮液"变身"五糧液"……

山寨创意真是无极限，时常亮瞎你的双眼。这其中可少不了浑水摸鱼的重要贡献。位列三十六计的浑水摸鱼，其来历原本特别接地气，只是一个纯粹的技术活。古代渔民经过长期的打渔作业，总结出一个经验：鱼儿在浑浊的水中分不清东南西北，为了打捞成功，渔民会先将水搅浑再下手逮鱼，成功率明显增高。而比渔民更接地气的高手，将这种打渔经验肆无忌惮地加以改造，使其最终成为山寨的生存法则之一。

靠着这种浑水摸鱼的劲，今天的山寨货日趋昌盛，品种繁多，应有尽有，只有你想不到，没有他们做不出。用猪肉鸡肉甚至是老鼠肉压成肉糜就高价叫卖牛肉干的还是小事，山寨交警才是一朵明艳艳的奇葩。他们穿着警服，开着小车，逮着货车司机就收"罚款"，或者随手搞一块泊车的指示牌，找个地儿一摆，随便收起停车费。还有人遭遇过山寨的120救护车，仿佛是正规救护车的孪生兄弟，除了亲爹亲妈，很多人傻傻分不清……

社会大环境本身就是一摊浑水，有机会就占点小便宜捞取私利固然可耻，不过和那些主动搅浑环境摸取利益的家伙相比，等级还是次了点。

大家还记得那些年在江湖上掀起轩然大波的"门"事件不？农夫山泉与统一激战的"砒霜门"，金龙鱼食用油的"致癌门"，圣元奶粉的"性早熟门"，以及前些日子农夫山泉质量不如自来水的"标准门"……每一次遇到"门"，总能把当事人弄得焦头烂额，更能让大群消费者惊吓得瞠目结舌。同行是冤家，同行之间"互掐"，总能上演种种精彩的好戏码，相互压价、虚假宣传、山寨模仿、仿冒商标什么的已经是玩剩下的手段。高人瞅准了同行"互掐"的门路，建立了所谓的公关公司，专帮企业联合大众媒体，发展网络水军，变着各种花样黑对手，要么不弄，弄就往死里折腾。

几年前，一家乳制品公司的经理 A 先生为了成功打败竞争对手，不惜支付了一家公关公司高达 28 万的费用。在公关公司的策划下，打着"借势传播"的专业外衣，调动大量网络水军以及知名媒体，四处散播对手旗下的 QQ 星儿童奶容易导致儿童"性早熟"的传闻，一时间，各种谩骂、怀疑满天飞，造成了对手旗下所有奶制品滞销，辛辛苦苦建立起来的商业信誉瞬间倒塌。不过，A 先生没潇洒多久，就被警方通报，证实他就是这起沸沸扬扬的商业诽谤案的始作俑者。接下来，一声声谴责开始一面倒地飞向 A 先生以及他所在的公司，而实际操作这场闹剧的公关公司以及强大的网络水军团没有受到一丝一毫的影响。

不得不感慨，最得瑟的人物不是活跃在舞台上的表演者，而是台下操控舞台的精英。当公众愤怒地谴责甲方乙方时，少有人注意到那些专注诋毁商业信誉 N 多年的老字号流氓，他们有一个很专业的名字——黑公关。

黑公关中的大部队，当属网络水军，各大网站上的摩天高楼几乎都来自网络水军之手。网络水军在实践中逐步走向专业化，有人专门负责策划方案，吸引公众眼球；有人专门负责公关媒体，让谣言在媒体的支持下快速传播，提高真实可信度；还有人专业负责技术支持，任何于己方不利的言论一律靠技术把它们"拉黑"。在如此专业化的操作下，谣言再也不能止于智者，而是止于下一个更爆炸性的谣言。

这些声势浩荡规模庞大的公关稿里，隐藏着合法伤害对手的利器，这才是黑公关最让人不齿的地方。在道德之下，法律之上，很多受害者都无可奈何，只得怨天尤人。

别以为这类计谋伎俩只存在于竞争激烈的商场，它其实早已充斥在我们生活的方方面面。很多纯真的高中毕业生在接受社会的熏染前就会与它短兵相接。中国人骨子里都有一点点"托关系，走后门"的思想，再加上当下政治腐败的新闻层出不穷，导致更多人信奉"关系"与"特权"。 高考的学生和父母更加渴望"关系"，这种时候浑水摸鱼的人就有发挥的余地了，他们有意无意在父母孩子面前强调关系在高考中的重要性，谁谁谁托教育部某某进了清华，谁谁谁又在某官的关照下被北大录取……这么一折腾，让学生与家长原本不安定的心更加躁动，特别是那些成绩平平或者根本没机会考上的学生。他们还会把握好时机，适当展示自己强大的关系网，声称就算分数不达标，自己也能托关系给弄到名牌大学去。可怜天下父母心，为了孩子，一切都没有问题，迷迷糊糊就递上一笔疏通费。

一些民办高校为了收到学生赚到钱，在高考录取阶段也会不顾节操地施展浑水摸鱼的手段。高校招生，拼的就是静谧的校园，伟岸的校舍，以及雄厚的师资力量等。有些实力不济的民办高校，为了赢得学生的青睐，就提供虚假的校舍照片，并大肆吹嘘自己师资力量有多强大，以及毕业包找工作等等。精美的广告宣传以及虚无的保票让人不淡定了，学生怀着各种美好的梦想来到学校，交了钱才发现，现实是那么的骨感。

说到浑水摸鱼，不得不说那些将客户信息卖给别人的小网站，坑爹等级几近爆表。现在互联网市场监管难度大，很多小网站存有大量客户的私人信息，为了多方位多角度进账，他们忘记了曾经对客户的保证，干脆将客户信息进行筛选，然后打包卖给有"需要"的人，其中自然会包括邪恶的诈骗团伙，无形中不知道间接害了多少人家破人亡、妻离子散。

浑水摸鱼的计谋，自明清声名大噪以来，四处传播，享誉天下。到了今天，它的地位已经不容忽视，随便几个镜头，总会瞅见它的身影：拥挤的旅游景点检票口，不少人趁工作人员手忙脚乱混进去；商场季末狂掀打折风，满满地打折气息让整个商场人气爆棚，而所谓打折不过是将原价提高后再打折出售；更有小偷趁着公交、商场、地铁、旅游景点的拥挤，浑水摸鱼，顺手牵羊……

在浑水摸鱼的大军中，影响深远规模巨大的还有文化艺术行业的复制。这可算是中国特色，一个卖座的电影刚上映，随后就有无数部相似的电影轮番上演；一个好看的综艺节目刚掀起收视狂潮，各大卫视马上就推出差不多的节目；一本《鬼吹灯》名声大噪，不多时日就会在市场上看到N多种鬼在吹各种灯……

水至清则无鱼，社会亦然，别指望社会干净得没有一丝尘埃。而且，即便社会清澈见底，也会有人搅局，直搅得天昏地暗，好趁机做那浑水摸鱼的缺德事。仔细想一想，我们可能曾经都是受害者，甚至还有可能继续中招。浑水摸鱼，什么时候才能重新回归本源，只在渔民的打渔作业中发挥作用呢？

第 21 计 金蝉脱壳

跑路也要诸多花样

计谋指数：★★★★☆
常用指数：★★★★⯨
江湖指数：★★★⯨☆

金蝉脱壳的计谋思想源自高端大气上档次的上古图书《周易》，其中的《蛊卦·彖辞》说道："巽而止，蛊。"意思是趁暂时未被对方察觉，制造或利用假象逃之夭夭。对蝉有一定了解的人都知道，蝉在成长过程中必须经历一道残酷的蜕变，从背部的裂口开始蜕皮，经过漫长的一整天，钻出原来的壳，开启新的人生。古代先民善于观察，从蝉的蜕变过程得到灵感，结合《周易》的抽象思想，从而创造金蝉脱壳的计谋，意在丰富跑路技法。

同样是跑路，金蝉脱壳比直接开溜的"走为上"复杂，也更具有手段和技术含量。东汉末年，汉灵帝奔赴阎王殿后，大臣董卓一把抓住中央大权，权倾朝野，犹如横着走的螃蟹。对此，地方上的"英雄"很不爽，纷纷组织人马跟董卓的大军干上了，试图在乱世分一杯羹。这些讨伐董卓的英雄中，有一个叫孙坚的，是东吴开国皇帝孙权的亲爹。他实力不俗，跟董卓大军打得昏天黑地，日月无光。奈何胳膊始终拧不过大腿，胜利眼看是无望了，孙坚带领部队准备转移战斗地点。就在战略撤退的路上，董卓大军穷追不舍，打得他们狼狈不堪，眼看全军即将赶赴阎王殿，孙坚手下一员名叫祖茂的勇将想出了一个安全跑路的高招。

孙坚常年用红头巾包头，在混乱的大军中格外显眼，久而久之，红头巾成了江湖上闻名的"孙坚STYLE"。董卓大军中很多将士并不认识孙坚本人，他们识别的方式便是红头巾，因此，祖茂主动跟孙坚更换头饰，将红头巾包在自己头上，然后风风火火地往另一方向奔去。董卓大军死盯着头戴红头巾的家伙，大军中不断有人高声告诫后面的士兵："那就是孙坚，给我杀。"他们紧紧追逐着头戴红头巾的祖茂，而孙坚本人却带领小部分亲兵卫队安全地逃出了包围圈。

祖茂就悲催了，被董卓的骑兵追得气喘吁吁，身边带的士兵也被杀得七七八八，眼看不行了，怎么办？这家伙脑袋瓜好使，他四处一瞅，看到一座坟墓旁边有一根烧得黑不拉几的木头，顿时计上心头，金蝉脱壳能用一次，也能用第二次，他脱下自己的战衣给木桩穿上，把红头巾戴在黑木头上，把马儿拴在木桩旁边，自己则偷偷溜进草丛里躲起来，心中不停默念："看不见我……看不见我……"董卓的骑兵远远望见，那木桩活脱脱像极了一个大活人，头戴红头巾，身披战甲，背对着他们静静地站立着。董卓大军看这架势，生怕有诈，不敢贸然上前。士兵小心翼翼地往木桩挪动步子，等凑近一看，方才知道自己被骗，灰溜溜地骑着马儿回了军营。

祖茂一连用了两次金蝉脱壳，不仅保住了老大的性命，也保住了自己的小命。金蝉脱壳，简单点说就是营造并利用假象为自己赢得有效的逃命时间与机会。这是很多亡命天涯的家伙惯用的手段，在警匪剧中我们常常看到类似的桥段，匪徒跑路前营造一种自己呆在某地的假象，等警方冲进去才发现这家伙早已逃之夭夭。

金蝉脱壳这种手法，一般说来，就是弄点假象出来骗过他人，有时候难免显得低端土鳖掉档次，容易被明眼人看穿。不过，在高人手里，它也能玩得高大上，玩得炉火纯青，坑你没商量。老李是一名进城务工的农民，大字不识几个，为人老实巴交。一次偶然的机会，他在老乡的介绍下结识了大老板吴某，本想从吴某那里弄点活儿干，赚点小钱，不料吴某觉得他为人老实可靠，结交几次之后表示要给他一个好差事。这差事那叫一个好，摇身一变，老李成了吴某公司的董事长兼法人代表，每月固定有三千多的收入，主要的任务就是坐在办公室，偶尔协助工作人员打打杂，每天准时上下班，喝喝茶上上网，一天就过去了。

吴某也真是热心，刚开始每天问候老李："在这里习不习惯？缺什么就跟下面人说，让他们去办。"为了帮助老李适应公司闲适的生活，吴某甚至派人专门教老李打网游，那小日子美得跟神仙一样。手下的工作人员常常尊敬地称他李总，然后找他拿身份证去银行汇个款，去工商局办个事。幸福的小日子过了不到半年，一天，老李准时到公司上班，坐了一上午，愣是没见到半个工作人员，偌大的两层楼里，就他一个人孤零零的。拨打吴某电话是关机，拨打经常接触的几个工作人员的手机也是关机，他们貌似人间蒸发了一般。不一会儿的功夫，随着由远而近的警笛声，几个身穿制服的警察出现在老李面前，拉上警戒线，在公司进行一番仔细搜查之后，盘问老李："你是这家公司的法人代表？"老李怯生生地点点头，带头的警察绷着一张脸，示意同事将老李抓起来带回派出所。

在看守所待了一段日子，老李委屈地哭过喊过，后来渐渐明白自己如何掉进坑里。原来吴某的公司名义上是一家科技公司，实际上干着电话和网络诈骗的勾当。吴某找他来当董事长兼法人代表，就是看上他来自偏远农村，没有见识而且老实巴交，要是公司出事，法人代表是老李，跟自己一点关系也没有。

不得不佩服吴某的残忍，就连老李这类生活在最底层的农民工都舍得下狠招折腾。纵观我们的周遭，类似的戏码此起彼伏，但凡出了事故，冲在第一线承担责任的大多是一穷二白的底层人民，那些赚大头利润的家伙却可以悠然地逃之夭夭。

就说某县 Y 化工有限公司的爆炸案，为了推脱责任，以主要负责人刘某为核心的领导集体积极威逼利诱临时工，成功为自己营造脱身的证据。Y 公司作为该县大型化工企业，每隔一段时间都要检修设备，为了降低成本，刘某放弃了有正规资质的设备检修公司，私下雇佣懂手艺的临时工 C，让他找几个技术过硬的同乡一起作业，为 Y 公司焊接修理管道并拆安设备。

为此，有人曾向负责人刘某提出，让没有正规资质的临时工施工，一旦出事故就糟了。刘某没有听进去，反而想出了一系列损招规避风险。首先，他不跟 C 为首的几个临时工签订任何合同，反正工作完成，按照说好的方案结给他们工钱。其次，为了瞒过大众的怀疑，刘某让所有施工的临时工统一口径，但凡有人问起就说他们是一家专业公司派来的。一切安排妥当后，刘某放心地交代下属安排 C 等人开始到车间施工。这为公司节省了很大一笔钱，而且所有的主动权都紧紧握在 Y 公司手中。

因为没有专业资质，再加上受雇于人，C 等人在没有指定施工方案的情况下开始作业，刚开始一切还算顺利，可是人算不如天算，就在他们对车间生产系统冷凝器以及缓冲罐管道进行改造的过程中，由于车间没有停止生产，导致缓冲罐内的丁酸钠遇到电气焊明火高温分解而发生爆炸，C 的队友一死一伤。事故发生之后，还没等 C 反应过来，Y 公司找到他，深切地表示："这次事故很严重，我们是一条绳子上的蚂蚱，上面如果彻查，发现你们没有资质，你们会出事，我们公司也会出事。幸好，刘总在政府有关系，他已经过去疏通去了，为此，我们得做一些善后工作。等过了这关，赔偿什么的好商量。" C 知道胳膊拧不过大腿，跟 Y 公司死扛纯粹是作死的节奏，而且 Y 公司的人和颜悦色，信誓旦旦，这让他坚信跟 Y 公司一起度过难关后一定能为死者以及受伤的工友争取相关赔偿。

Y 公司苦口婆心一番劝解过后，拿出一份预先编造好的《管路改造协议书》让 C 签字，协议上的签订时间被编造到事故发生前两天，并且编造了十天工期，2 万元劳动报酬等。C 没有多心眼，傻不拉唧地签了字。直到后来有关部门将这份协议作为证据，认定施工队负责人C承担事故主要责任，负责赔偿的70%，而Y公司没有认真验证施工队的资质而承担次要责任时，C才明白自己上当了。因为没有跟Y公司签订过任何劳动合同，而且有人证实C等人是一个独立的施工队，并非Y公司主动雇佣的临时工。种种证据以及刘某的私人关系让临时工C成了这次爆炸案的冤大头。

金蝉脱壳和直接开溜的"走为上"相比更坑人，不承担应有的责任已经很无耻，还要连累无辜的人，让生活在底层的民众难以防范。对此，我也无力吐槽，只能告诫普通大众，特别是无数次被推到风口浪尖的"临时工"，第一，天上不会掉馅饼，贪图交好运只会让你彻底倒大霉；第二，别跟恶魔做交易，只有在法律的保护下才能平静生活，事事讲法貌似有点没人情味，但是这却是当意外来临时保护你的可靠大树。

第22计 关门捉贼

诱敌深入一举歼灭

计谋指数：★★☆☆☆

常用指数：★★★★½☆

江湖指数：★½☆☆☆

说起关门捉贼，我们头脑中会自动浮现常见的相关新闻——

情景一：公交车上，一乘客惊呼自己的爱疯5被偷了，公交司机周师傅迅速关闭前后门，然后报了警，虽然惨遭不少乘客抱怨，但最终将小偷绳之以法。

情景二：家住23楼的业主于某半夜三更听到客厅有动静，迷迷糊糊起来查看，看到虚掩的大门以及凌乱的客厅，他心里咯噔一下，明白"遭贼了"。环顾四周，发现窗帘下有异样，看来小偷还没来得及走，于某怕贸然出手，让小偷伤了自己或是毁了家什。因此，他假装睡意朦胧，咔嚓一声关上大门，边关门边大声嘟囔："这败家娘们，又没关门，不晓得宝贝在不？"于某一边嘟囔一边踏入房间，假装开柜子查看。然后若无其事地返回自己的卧室睡觉。两个小贼果然上钩，偷偷溜进于某曾查看的房间找宝贝，其实那个房间是闲置的卧室，没什么值钱玩意儿。等小偷进去后，于某蹑手蹑脚地将房门反锁并报警。

情景三：滕某假装进入超市买东西，然后找了一个死角偷偷藏起来，直到超市关门后，他才大摇大摆地现身，稀里哗啦搜罗好东西，然后又躲到死角，打算第二天超市营业时趁人流繁杂溜出去。第二天，超市主管小吴像往常一样，提前来到超市。就在他把超市卷帘门打开一半时发现不妥，货架上有动过的痕迹。小吴深知超市没有其他出口，自己势单力薄，不敢跟匪徒硬碰硬，他假装有事，关死超市的大门离去，然后找来三五个年轻力壮的同事进入超市，关上大门，仔细搜查，最终在货柜背后将滕某摁住并报警。

……

这便是我们生活中常见的关门捉贼，很正能量，是保护自身以及财产安全的绝佳方式。它的广泛使用让很多小偷被绳之以法，社会的正能量被激发并彰显。不过，在这种正面案例的掩盖下，人们往往忽略了它背后还隐藏着意想不到的黑暗。

在残酷的战争年月，关门捉贼被后继者们大量运用到军事战斗中。久而久之，关门捉贼早已不单单是"关门捉贼"这么简单了，但凡询问一下度娘或是搜狗就会知道，它早幻化成变化多端的围歼战，杀敌无数。战场上并没有真正意义上的门，为此，军事家将"门"抽象化，意在斩断敌人的所有退路，把对手当成饺子馅全方位包围，最终歼灭对手。

中国历史上最早、规模最大的围歼战当属战国时期秦赵的长平之战。长平之战的男主角是大名鼎鼎的四大战将之一白起，他的对手是名满天下的背书达人赵括。赵括是名将赵奢之子，"纸上谈兵"典故的男一号。他顶替名将廉颇对秦作战，那一个得瑟。到任后求胜心切，一天到晚琢磨如何大战秦军，给赵王送去捷报，证明自己是一个货真价实的"砖家"。他骄傲自满，自认为老子天下第一，对手白起根本就是土鳖。他甚至连作战方案都懒得制定，领着大军直接杀到秦军营垒叫嚣。哪里知道，白起早把他研究透了，倒是为他专门定制了一套包饺子方案。

两军激战几个回合后，白起下令让士兵主动撤退，假装怕了赵括，撒腿就逃。赵括一看这情形，更加得瑟，爷好歹能把兵书倒着背，跟我斗，哼！他带领大军在秦军屁股后面穷追猛打，追了好一阵，突然发现四周冲出 N 多秦军，将他们几万人马围得水泄不通。此时，赵括才明白秦军早有埋伏，激战中的大败不过是准备将他们引入包围圈而演的好戏。就这样，赵军被秦军团团围住，难以突破封锁线，几天下来，粮草日益短缺，而后方的援军以及粮道被秦军死死盯住，难以杀入战地营救赵括一干人等。赵军被围困整整 46 天，草粮断绝，屡次冒险突围都被秦军乱箭伺候，赵括也在突围中被射死。最终，秦军完胜赵国，将投降的 40 多万赵国士卒活埋，赵国壮者尽死长平，国力大损。

历史已成过往，深究白起诱敌深入关门捉贼的计谋的善恶对错已经没有意义，在残酷的古代社会，特别是你死我活的军事斗争中，这些都很正常，因为道德在生存面前显得格外的渺小。但是，在社会稳步前进的今天，在生命与生存没有遭遇威胁的世界里，还要处心积虑地利用关门捉贼坑害普通大众的行为就显得不道德了。

关门捉贼，关门是手段，捉贼是目的。"关门"很讲究，首先时间得对，俗话说捉贼拿赃，关早了没有罪证，晚了又会有财物损失。其次就是方式，很少有人公开关门，一旦打草惊蛇就会让"贼"狗急跳墙，不要命地做困兽之斗，那会得不偿失。但是，当"贼"不是真正意义上的贼，关门的方式也虚幻了。譬如，某单位领导 A 知道手下人对他有意见，背后说他刚愎自用，人品不行，没有管理能力，所以单位效益才如此萎靡不振……这些负面评价让心胸狭隘的他气愤不已，他也担心这些负面消息传到上级领导耳朵里影响领导对自己的良好印象。一天上午，A 找了个理由召集手下所有职工开会。会上，他一脸慈祥地说："最近，我们单位的效益以及工作风貌都有些许不足。有不足，就要改正。因此，我们今天召开这个批评与自我批评的会，希望大家畅所欲言，优点要肯定，缺点更要改正。"A 巴拉巴拉道明了会议的主题，然后张望一眼在座的同事，面带微笑希望大家把意见讲出来，实际上心里恨得咬牙切齿。当然，手下的职员不是傻帽，都三缄其口，或一言不发，或避实就轻。A 看大家不上道，主动说："大家放心地畅所欲言，这也是为了更好地促进大家的进步，推动工作的进展。我先来抛砖引玉……"随后，A滔滔不绝地开始自我反省，并提出些许同事的优缺点。最后他说："最近听到一些传言，是关于我的，这很好，人无完人，谁都有缺点，我希望大家给我提出来，让我不断提升，不断完善。"

经过这一番洗脑，加上A诚恳的态度，大家开始放松警惕，慢慢参与其中，愤青一些的家伙或直接或委婉地将对他的意见提出来。A也算是演戏高手，诚恳地点着头，表示自己一定会加以改正。会开完后，他根据会议记录将提意见的愤青列为重点打击对象，将三缄其口的家伙化为观察对象，然后大力培养提拔赞扬他的马屁达人。这之后，手下职员再也不对他评头论足了。

当关门捉贼跟诱敌深入或是杀鸡儆猴等亲密合作时，再精明的人也难防掉入坑里。人非圣贤，难免犯错，倘若有经验的好心人提醒一两句，自然让很多人悬崖勒马，与泥泞擦肩而过。具体说吧，某地区某一路段的减速慢行牌被茁壮成长的大树挡住，过往的司机往往会忽视，迷迷糊糊就飞奔了过去，直到被交警拦下罚款都还云里雾里，火大的司机跟交警理论，交警带他回走几步，抬头一看，的确有减速慢行标志，只好憋屈地领了罚单，乖乖认罚。常在这段路上巡查的交警小吴私下表示很无奈。据他说，在那儿逮超速司机已经成为他们加奖金的好机会了。很多老交警看到有超速苗头的车辆，立马会用对讲机提醒同事："来了个眼瞎的，逮着他。"

正能量的关门捉贼，就这样逐渐变成了坑人计谋。为了些许利益，关门捉贼的人能耐心地坐等"贼"进入圈套，或者干脆使诡计诱敌深入，然后关"门"歼灭之。我们时有耳闻的"钓鱼执法"就陷入了这个邪恶的泥淖。其实，时至今日，在善良的普通大众眼中，关门捉贼依旧是对抗进入自己领地偷东西的小贼的良方，那些用计谋来坑害他人的坏心眼，为这一计谋船上了邪恶的外衣，只有将其剥掉，才能还原其本来面目。

第23计 远交近攻

都说远亲不如近邻，挑事的一定不会有好下场

计谋指数：★★★☆☆

常用指数：★★★☆☆

江湖指数：★★☆☆☆

对大多数人而言，远交近攻有点陌生。据《战国策·秦策三》记载，战国末期，商鞅变法之后，经过几代人的努力，秦国快速成为不可忽视的强国。昭襄王三十七年，秦国军队在宰相穰侯的怂恿下夺取了齐国的纲、寿两座城池，有点历史地理知识的人都知道，秦国跟齐国相隔十万八千里，中间横跨几国，占领的这两座城池不便于管理，穰侯趁机要求将两座城池送给自己。平民范雎听说了这事，坐不住了，哪有这么治理国家的。他半路拦住昭襄王，说这么做不对，你着了宰相穰侯的道儿。昭襄王问他："寡人的策略哪里不当了？"范雎开始滔滔不绝地分析："那齐国，远在东方，跟秦国相隔几千里，中间还有韩、魏两个强国虎视眈眈，要攻入齐国，咱们就得长途跋涉。

兵力少了吧，打不过人家齐国，兵力太多了吧，后方又空虚，要是韩、魏两国趁机攻入我们的大后方，老大，你准备怎么办？想想当年齐湣王，打算攻下楚国千里之地，最后还不是便宜了韩、魏两国，他自己讨到了什么好处？"昭襄王一听，觉得有理，不能小看了韩、魏两国。

"那我们怎么办才好？"昭襄王继续追问。

"咳咳——"范雎清理了一下嗓子，说："远交而近攻。远交齐国、燕国，让他们对秦国放心；近攻临近的国家，拓展疆土。这样一来，哪怕只得了一寸土地，那也是属于老大你的地盘，别人看着眼馋，拿不走。"昭襄王一听，心里勾勒出了一步一步蚕食邻国不断壮大的美景，不禁开心地大笑起来。从此，范雎在秦国的地位扶摇直上，官至丞相，封为应侯。此后，秦国以远交近攻为外交策略，积极结交远邦，进攻近国，最终并吞六国，一统天下。

后来，许多人对此计策大加赞赏，大力渲染它的威力，却忽视了战国末期的历史背景。当时，兼并统一成为大趋势，而秦国势力最强，由他完成统一大业是历史的必然，远交近攻的外交策略不过是秦国在实现霸业过程中使用的手段，没有秦国本身强大的军事实力，远交近攻只会让实施者自食其果。就说宋朝吧，这个我国历史上积贫积弱的朝代，也曾玩了一把远交近攻，最终却惹火烧身，加速了北宋的灭亡。

话说北宋建立之初，神州大地分崩离析，长城外有少数民族政权虎视眈眈，长城内有野心家尔虞我诈。直到赵匡胤黄袍加身，建立北宋，方才渐渐统一了南北方。中原虽统一了，但是，由于历史原因，长城以内的幽云十六州却被契丹民族建立的辽国占领着。在冷兵器时代，长城一直是中原抵御北方少数民族入侵的有效屏障，如今强大的辽国占据了长城以南的幽云十六州，就等于北宋的北大门无险可守。收复燕云十六州一直是北宋人民的梦想，宋朝建立后，曾三次北进伐辽，企图收复，但都惨败而归。到了北宋末年，辽国以北的金国逐渐强大，北宋将目光投向了金国，企图远交金国，然后借金国之力灭掉辽国，收复燕云十六州。

确定这一国策后，北宋皇帝宋徽宗派人跟金国接触，经过几年的软磨硬泡，最终在渤海的一艘船上跟金国签订了"海上之盟"，约定双方一起出兵两面夹击辽国。金国守信，随后带着虎狼之师攻入辽国，谁知位于辽国南边的北宋迟迟没有动静，说好的同时出兵呢？

说来也巧，北宋后院起火，遭遇方腊起义，只有爽金国的约，先将部队调去镇压农民起义，之后才出兵攻辽，整整晚了三年零八个月。出兵晚了也就算了，北宋将士的战斗力真心让人捉急，节节败退，还得让金国出兵协助才勉强战胜，估计金国人无数次感叹，不怕神一样的对手，就怕猪一样的队友。辽国灭亡后，宋徽宗那个高兴，列祖列宗都没能完成的伟业最终让自己实现了。得瑟的他似乎忘记了，这都是人家远在北方的金国干的，他可不管，举国欢庆。谁料，同样是远交近攻，强秦大获全胜，而他却彻底暴露了自己的腐败无能。几年后，金兵南下，攻入北宋，把皇室宗亲、达官显贵全部俘虏过去，唯独康王赵构逃过一劫，北宋灭亡。

没有强健的骨骼，玩再高深的计谋、耍再卑鄙的心眼也注定失败。大到一个国家，小到一个人，只有切实地提升自己的内在竞争力才是最终取胜的不二法宝。用花样繁多的计谋装点自己，可能胜在一时，却会输在一世。更何况，在21世纪的今天，国土疆界大多早已划定，没有任何国家可以任意侵入别国领土。然而，一些贼心不死的岛国依然运用远交近攻的策略，意在实现自己的无耻意图。

近几年，随着中国经济的腾飞，外加国际影响力的提升，日本大有坐不住的架势。除了老朋友美国之外，它还积极结交中国周边诸国，特别是视中国为威胁以及跟中国有冲突的国家。日本首相安倍称他的外交策略为"自由与繁荣之弧"，为此，他就任以来积极访问了越南、泰国、印度尼西亚等东南亚国家，接着又访问了美国和蒙古国，最后去了俄罗斯、沙特阿拉伯等，只要用心把他访问的国家用线连起来，会发现在南北两个弧之间就是不断壮大的中国。

跟其他欧洲国家的交往且不论，单说说他跟某些国家的密切往来以及联合军演，就活生生地彰显了他的司马昭之心。安倍在外交上尤其强调"海洋价值观外交"，他积极跟东南海国家往来，特别是跟中国有芥蒂的菲律宾。在菲律宾面前，日本大有土豪气息，送价值1100万美元的战舰10艘，跟菲律宾积极寻求联合军演机会，两国犹如好姐妹一般携手共进。

说到跟中国有冲突的国家，不得不提到印度，岛国怎么会忘记这个怒目瞪着中国的家伙呢！从2010年下半年开始，日本与印度的关系不断升温，经济合作上风生水起，2011年底还达成了 2012 年首次联合演习的共识，此外，印度的军事武器以及技术大多来自日本。

除了沿海国家的拉拢，日本还不忘雄踞中国北边的俄罗斯。随着中国的不断崛起以及国际影响力的不断增大，俄罗斯对中国有些许警惕，俄方曾含蓄地表示，当前自己所面临的正面威胁不断增加，这种威胁在远东以及亚洲地区。这是典型地在暗示中国。岛国逮着这机会，积极靠拢俄罗斯，与其开展合作，特别是安全防卫合作。

安倍内阁的外交策略算是典型的远交近攻，借力东盟，向美示好，并积极和俄罗斯、印度、菲律宾合作，意在牵制中国，让中国遭受两面或三面的包围。

在国际交往中，对于远交近攻这类手段，中国早就弃之如履，而岛国却视之如至宝。"远交"值得肯定，无论强弱远近，只要能和睦相处，礼尚往来，利于双方，自然是好事，但是"近攻"与和平发展的主题格格不入，而且，历史告诉我们，那些积极挑起事端的家伙走到哪里都会让人鄙视，都不会有好下场。

第 24 计 假道伐虢
被人卖了还帮人数钱呢

计谋指数：★★★☆☆
常用指数：★★★★☆
江湖指数：★★★★☆

相传周武王干掉商纣王一统江湖之后，大肆分封诸侯，大大小小的诸侯国矗立在九州的各个角落。到了春秋时期，周王室的势力衰微，镇不住场面，这些诸侯开始了弱肉强食的征伐。为了成功吞并他国，各种计谋、各种手段相继出生，其中就有"假道伐虢"。

话说晋国附近矗立着两个米粒大的小国——虢国和虞国。它们相邻多年，唇齿相依。晋献公一直想吞并它们壮大自己，但是唇亡齿寒，攻打一方，另一方就会在晋国背后捅刀子，双边作战，自己真心吃不消。他召集群臣商讨如何下手，群臣束手无策，不知如何是好。此时，大夫荀息提出自己的建议："据说虞国国君很喜欢宝物，只要将大王您的良马美璧送给他，拉拉关系，套套近乎，让他精神上支持我们，我们可从虞国借道偷袭虢国，如此一来，水到渠成！"晋献公一听要牺牲自己的宝物，不乐意了。荀息意味深长地劝谏："如果能从虞国借道成功灭掉虢国，宝物也只是暂时存放在虞国的国库而已，还怕丢了？"晋献公一听，恍然大悟，笑道："荀息，你坏坏哦。"

随后晋国使者带着晋献公的稀世珍宝前往虞国，声泪俱下地陈述，虢国不讲道义，老使坏，一会儿这儿倒腾，一会儿那儿倒腾，闹得附近百姓叫苦不迭，我们忍无可忍，想给他点教训……虞国国君看着宝物犯二，大夫宫之奇极力劝阻，分析道："老大，千万别答应啊，虞国和虢国是唇齿相依的近邻，虢国一旦灭了，我们虞国也就难保了。俗话说：'唇亡齿寒'，没有嘴唇，牙齿也保不住啊！"可是，价值连城的美玉和宝马晃瞎了虞国国君的眼，他把送他宝物的晋国当成了良朋知己，眼神里放出莫大的肯定，行动上就给予了十分的支持。他的理由是："为了虢国得罪强有力的朋友，傻瓜才干！"晋国大军得到虞国老大的首肯，大大方方进入虞国地界发动偷袭，三下五除二拿下虢国。随后又大大方方地返回虞国，感谢虞国对他们的支持与肯定，虞国老大忒热情地招待凯旋而归的晋国将士，好酒好肉随时恭候，上等的旅舍被褥不限量供应。晋国大军在虞国呆了几日，吃饱喝足后，就随手拿下了虞国，幸福地消化着这一份领土。

从此以后，人们将这种假意交友真心谋利的行为定义为"假道伐虢"。正所谓世上没有永远的朋友，只有永远的利益。为了利益，可以两肋插刀，更可以插朋友两刀。好家伙，利益放中间，道义丢两边，果然堪称计谋中的极品。

说到假道伐虢的实际应用，后继者可谓繁如星辰，青出于蓝而胜于蓝。A 是商人一枚，在江湖上小有名号。话说一次，拥有良好声誉的 B 公司在经营中陷入资金链中断的危机，快要倒闭。情况十万火急，B 公司老板四处借贷，希望可以挽救颓势，可是，社会一直走现实主义路线，穷在闹市无人问，富在深山有远亲，这是社会的典型特征，没有之一。此时，A 慈眉善目地出现在穷途末路的 B 公司面前，义正言辞地表示，一家声誉良好的百年老店能够发展到今天不容易，如果就这么毁于一旦太可惜，为了保住百年老字号的招牌，他愿意拿出三千万，帮助 B 公司渡过难关。虽说 B 公司老板心里一阵感动，但是商人的敏锐告诉他，谨慎再谨慎，小心再小心。他不敢贸然接受 A 的帮助，小心翼翼地问："这不是一笔小数目，帮我们对你有什么好处……"

A 很豪迈地说："我真心是为了保住中国少有的好品牌，咱不能让洋品牌在中国横行霸道，支持国产，义不容辞。这样，权当我入股。"谈妥之后，A 成了 B 公司的股东之一，在董事会占据一席之地，B 公司也由于三千万的注入起死回生。B 公司成就百年老字号的美誉，靠的是品质。品质好，得到广大顾客的青睐，自然在残酷的竞争中杀出一条血路。B 公司能够起死回生，老板自然很感激 A 的鼎力相助，但是他做梦也没有想到，这只是他噩梦的开始。随后的日子，他渐渐知道，A 有黑道背景，很多钱来路不明，更重要的是，这些钱会流入 B 公司，洗白之后再返回 A 的腰包。A 曾威胁他说，公司法人是他，要是出了什么篓子，B 公司吃不了兜着走，A 本人却可以撇得一干二净。此外，A 旗下另一家小厂商生产的同类型产品滞销，为了促进那家小厂商的发展，A 贸然将那家小厂商生产的三无产品包装成 B 公司品牌下的一款新产品推向市场。最终，声誉良好的 B 公司在深深的罪恶感中无奈地越陷越深。

在这个道德急需要反思的时代，不遭遇几个人渣都显得 OUT 了，更何况是尔虞我诈的商界。黑暗龌龊的手段不是只有那些高高在上的人会用，很多普通人技术也不差。特别鄙视那些打着冠冕堂皇的旗帜坑爹的家伙，做了流氓，还当自己是君子，一脸正气凛然，那脸皮厚得蚊子都想自杀。就说某地一个镇政府，开发建设森林公园，在拆迁安置的问题上充分展现了自己创意无极限。镇政府没有对工程附近几千户居民的补偿金额以及补偿条件做一丝一毫的说明，直接诚挚款款地表示为了老百姓的美好未来，他们将愿意无偿代劳管理这笔钱，与其分给老百姓花光光，不如交由专业人士搞投资，实现利润再创造……为了保证大家的利益，有关部门还决定给予愿意被代管的乡亲们优厚的回报，即利息是银行存款利率的两倍。敢情在他们眼里，老百姓都是一群生活不能自理的低能儿。他们本着"父母官"的神圣使命，对国家倡导的民主建设、法制建设等理念熟视无睹，光明正大地唱着假道伐虢的戏码，当自己是中国的蜘蛛侠，表面上为了大家，实际上却是为了一己之私……

假道伐虢原本就是晋献公为达到一己私利而创造的计谋手

段，施计者带着伪善的面具，在"好人"的幌子下欺世盗名，追逐私利。而为了私利无视道德的约束，必将对他人造成伤害，更会让我们身处其间的社会陷入一片凌乱。

第五章　并战计

攻守兼备下更要主动出击

第 25 计 偷梁换柱

山寨 A 货批上再华丽的外衣都不是正牌

计谋指数：★★★☆☆
常用指数：★★★★✦
江湖指数：★★★★☆

偷梁换柱一语最早见宋朝人罗沁所写的《路史》："倒曳九牛，换梁易柱。"说的是上古时期两个与众不同的天才夏桀与商纣王的故事。相传夏朝的末代国君夏桀文武双全，力大如牛，可以赤手空拳将弯曲的铁钩拉直；而商朝的最后一个国君商纣王，也是一个天生神力的奇才，他从小天资聪颖，脑细胞相当发达，而且四肢强壮，力大无穷。商纣王吃饱了没事干，总爱四处显摆自己文武双全，一会儿以一人之力对抗九头牛，一会儿又将房梁弄下来跟柱子交换。他老爹相当喜欢他，选他做国君继承人，可惜，没有经历伤痛成长起来的家伙注定成为历史的笑话，他毫无悬念地出演反派大 boss，将商朝葬送在西周的铁蹄之下。

经过 N 年的淘洗，偷梁换柱不再用来形容这些力大无穷的天才儿童，而是比喻用偷换的手段暗中改换事物的本质或内容，以达到自己的目的。这种手段大家不陌生，随时都能在身边寻见，譬如山寨手机代替高大上的苹果三星卖给不懂行的顾客；低廉的高仿 A 货成功跻身于奥特莱斯等品牌商城……生活中，这样的偷梁换柱无处不在，再小心翼翼的人也难免被坑害。

曹某听说过装修房屋过程中的种种怪现象，为了防止装修公司用质量差的材料装修自己的新房，他跟装修公司协定，装修过程中所有的主料由他亲自购买并运送到新房，装修公司只负责派人施工安装。合同签订后，他便游荡在各大建材市场精心挑选上好的木地板等主料，亲自看着工人搬运回新房。一天，他去新房查看施工进度，看到了一张陌生的板材标签。他一愣，那不是他所购买的板材。新房里怎么会有这玩意儿？曹某没有吱声，凡事要讲证据，此时声张只会打草惊蛇。第二次送材料去的时候，他假装离开，在附近溜达会儿后又杀了回去。此时，装修工人正在忙碌地安装木地板。他发现这些木地板根本不是自己购买的那些优质材料，除了颜色相同，品牌质量相差甚远。曹某怒火中烧，拿出购买地板的合同，一个电话找来了装修公司的经理理论。

真相就是那么残酷，原来装修公司授意工人，逮着机会将曹某购买的优质材料偷换成自己手中的劣质品，然后将曹某所购买的材料作为公司的资本高价出售给另一位业主。如此精打细算的曹某尚且没有防住偷梁换柱的暗算，这让我们如何安放所剩无几的纯真与善良！

　　徐某到银行的自动取款机取完款，正准备退卡，旁边一名40 岁左右的大叔拍了一下她的肩膀，非常和蔼地提醒：“你的钱掉在地上了。”徐某低头一看，脚边果然有 10 元钱，难道是掏钱包时滑出来的？她没有多想，说了声“谢谢”，便弯腰捡起钱，随后起身将一端露出取款机插卡口的银行卡取走。不久，她再次使用银行卡取钱时发现密码不对，到银行咨询，工作人员告诉她，这张卡是别人的。“不可能，这卡明明是我拿自己的身份证办的。”当她仔细查看银行卡时，发现哪儿不对劲，思考片刻之后她选择报警。当民警调出那天取钱的监控录像时，她跟她的小伙伴都惊呆了。她取钱时，身边站了两个可疑的渣男，其中一人好心提醒她捡钱，就在她弯腰的那一瞬间，另一个人迅速将一张银行卡塞入取款机的插卡口。徐某起身后，径直取走了男子插入的那张假卡，而自己的银行卡还插在取款机里没有取出。等她一离开，那俩渣男就在取款机上操作，取走了她卡上剩余的钱。

　　除了银行，骗子们还将魔掌伸入漏洞百出的网上购物。小李就曾经遭遇过这种天降横祸。货比三家之后，小李在某知名网站上购买一款他心仪已久的平板电脑。一个星期后，快递到了。他接过沉甸甸的包裹，正准备打开验货，快递员提醒他签了字才能打开包装。小李当下就凌乱了，卖家提醒过签字前要开包验货，快递员却说公司规定签收后才能打开包封。小李想了一下，反正包裹得这么严实，应该没有问题，便豪迈地在快递单上签了字。回家打开包装发现，里面稳稳当当地放着一块光滑的石头。他当下就懵了，赶紧联系卖家，一顿铺天盖地的臭骂，卖家也表示很无辜，决定报警调查。最后，借用柯南的台词，真相只有一个，原来快递公司的一个员工看到单据上写着"平板电脑"的备注，心中动了贪念，将小李购买的平板电脑据为己有，然后拿一块大小相当的石头代替。

偷梁换柱的确让人痛恨，但是最痛心的却是大多数人对这种行为的漠视。比如医院，治病救人本该是其宗旨，可总有一些医院、总有一些医生守不住底线，他们丧失良知，或在手术中偷取肾脏，或在产房里调换男婴……面对社会道德一次次被无良之人拉向深渊的行为，估计没有谁不鄙视加谴责，可在一些不涉及生死存亡的侵犯面前，一些人就往往忽略不计，甚至还会推波助澜。

小霞前往一家大药房购买创可贴时，顺手挑了一瓶品牌比较可信而且口感较好的金银花露。因为天气比较热，售货员非常热情地主动询问她要不要冰冻的，小霞说那换冰冻的吧，售货员就拿过小霞手中的金银花露放回原位，然后从冰柜里拿出一瓶冰凉的给她。但是，小霞立马发现这根本不是自己挑选的那个品牌，而是另一个厂家的产品。小霞曾经在医药行业工作过，她知道很多小厂家会跟药店搞战略合作，给药店返利。不用说也知道，售货员为了多拿返利，故意给小霞换了这个厂家的金银花露。面对如此情况，如果不是小霞，而是对行业内幕不甚了解的普通人会怎么反应？估计要么根本发现不了，要么经不起售货员一番花言巧语，就傻傻地以为这种金银花露还真不错，然后掉头就走。

今天调换的是一瓶药，只是品牌不同而已，而且都有疗效，售货员不以为然，消费者也没把它看得有多严重。大多数人认为这种小事无需介怀，可是在人来人往的大街上遭遇以模型手机调换高档手机的行为时却又直呼"坑爹"，这才是世上最矛盾的思维。

勿以善小而不为，勿以恶小而为之，祖宗的告诫响彻千年。对小恶的忽视与宽容，足以成为巨大邪恶的养料。面对生活中种种以次充好、以假代真的坑爹行为，诅咒没有任何的作用，倒不如反思在以往的岁月里，我们是否纵容了小恶的成长，是否没有及时掐灭那一小撮星星之火。

第 26 计 指桑骂槐

桑树是无辜的

计谋指数：★★☆☆☆
常用指数：★★★★☆
江湖指数：★★☆☆☆

指桑骂槐，指着桑树数落槐树，表面上骂这个人，实际上却在发泄对另一个人的不满。中国人对这种把戏相当熟悉，不仅许多人曾亲身体验过，翻开许多文学著作也能瞅见其踪影，字里行间那酸溜溜的话语简直让人不敢相信，甚至是为鸡毛蒜皮的小事光天化日之下一番阴阳怪气。

从古自今，指桑骂槐真的可以算得上全民偶像，完全不分阶级，没有贫富差距，它的追随者上至政坛高官，下至流氓村妇，队伍绝对杠杠的。远的就有春秋时期的戏子优孟，为了给孙叔敖的废材儿子谋个一官半职，故意奚落孙叔敖，说："切，丞相有什么好，连自己儿子的生计都保障不了！"他这么一奚落，到让楚庄王不好意思，感觉自己就是"人走茶凉"的典型代表。因此，楚庄王将孙叔敖的废材儿子召进宫，加封进爵，赐绢赏地。

汉武帝的倡优郭舍人也喜欢指桑骂槐。倡优就是古代的娱乐艺人，用歌舞音乐、杂耍戏谑来娱乐达官显贵。郭舍人的本职工作干得相当不错，深得汉武帝的宠信。一次，汉武帝的乳娘登门拜访，求他在汉武帝面前说情。汉武帝打小就跟乳娘亲，后来当上皇帝，尊称她为"大乳母"，但凡乳娘的要求，他都一律"say yes"，先封奶娘的废材儿子为东武侯，再把朝廷的公田送给乳娘，后来又允许她走皇帝专用的御道……乳娘的一家老小仗着有皇帝撑腰，在帝都横行霸道，只要是自己看上的，不到手决不罢休，甚至光天化日之下拦路抢夺。乳娘子孙的种种恶行让帝都人民忍无可忍，将他们的恶行告到了汉武帝那里。悠悠众口，不堵不行，汉武帝不得不下令将乳娘一家逐出京城，迁移新疆。乳娘一家子不愿意离开繁华的帝都，便找到郭舍人，让他帮帮忙。郭舍人弄清了事情的来龙去脉，淡定地交代乳娘："向皇上辞行时，快步退出，然后依依不舍地回头看 N 次，其他的交给我！"

乳母照做后，郭舍人当着汉武帝的面大声咆哮："呸！你个死老婆子，恋恋不舍地看什么！皇上已经长大了，难道还等你喂奶才能活命么？"武帝一听，心里咯噔一下，这骂谁呢？不是在说我忘恩负义吗？汉武帝不想背这骂名，不但撤销了对乳母一家的惩罚，反而没节操地惩处了告状的人，纵容这一黑恶势力任意肆略。

郭舍人指桑骂槐的咆哮的确让他收了大笔"辛苦费"，而且奠定了他在政坛的地位，但是经此一役，原本就不严肃的法制体系和伤痕累累的道义瞬间粉碎性骨折，彻底崩塌。

经过多年沉淀，指桑骂槐仿佛已经镌刻在少数中国人的DNA里一般，成了骨中血肉中肉，割舍不了。生活中，工作中，婆媳争霸、邻里纠纷、职场斗争……种种指桑骂槐的好戏随处可见。

下面我们选择几个故事，让大家近距离感受指桑骂槐的低俗——

【故事一】罗某号称"叨叨嘴"，长了一张铁嘴巴，只要遇到丝毫不顺心的事儿，她能一天到晚地叨叨。她的婆婆张某是一个心地善良的老好人，少言寡语，向来不喜欢跟人争斗。跟很多普通婆媳一样，她们也时常因一些琐碎的小事闹得不开心。婆婆起床干活慢一点，媳妇就冲着猪圈嚎叫："瞧你这懒猪，只知道吃饭，干活就慢吞吞的。"媳妇见到屋里有些脏乱，便指着老母鸡破口大骂："你这个死老母鸡，把我屋子搞得这么脏。"诸如此类的情况一天要上演好几次，久了，老太太忍无可忍，告到了村支书那里要求分家。

【故事二】小丽跟嫂子不合，小丽本着我的地盘我做主的思路，对嫂子各种挑衅，阴阳怪气地指责、谩骂，时不时上演一出指桑骂槐的好戏。要么骂家里的大黑狗好吃懒做，目中无人，要么就骂家里的母鸡让人看着烦心……直到几个月前，她出嫁了，嫂子不知道多高兴，总算摆脱这泼妇了。一天，小丽回娘家，家里的黑狗没认出来是她，对着她狂吠。这可惹恼了小丽，指着黑狗就开骂："你这只死狗，外头来的还这么得瑟，敢朝我吼，信不信我抽你……"她巴拉巴拉地咒骂个没完，屋里的嫂子听见了"外头来的"几个字，一下就火了，平时对她各种忍让，如今嫁出去了还这般放肆，老虎不发威，你当我是病猫？嫂子怒气冲冲地回骂过去，一时间火星撞地球，局势陡然逆转，小丽占了下方，忍不住撩起家中的瓷盆子朝嫂子脑袋砸去……

【故事三】李某租住在一幢老式的居民楼里，每天早出晚归。一天下午，李某下班回家，在楼下遇到一个老太太，老太太用幽怨的小眼神莫名其妙地瞪了他一眼，指着楼下的石桌子开始骂骂咧咧："断子绝孙的东西，土都偷，穷疯了……"小李被吓了一跳，以为老婆婆神经不正常，他没有理会，转身上了楼。老太太越发来劲，巴拉巴拉地骂个没完。之后几天，小李每次遇到她，她都会指着桌子或是大树碎碎骂。小李感觉不对，向邻居打听才知道，这老太太前几天把花盆放在楼下，不料花土被人给偷了，只留下一堆空花盆。只要是这幢楼的住户，她见着谁都骂骂咧咧的，小李这种租房户更是老太太重点怀疑的对象。

【故事四】某地旅行社组织了大批内地游客赴港澳台旅游，按照规定，游完一个景点后，游客全部来到大巴车集合，一起前往下个景点。可是游客们足足等了半个小时，才看见导游和司机慢吞吞地过来。不少游客心里不爽，纷纷抱怨导游浪费时间。其中一个小伙趾高气昂地指着大巴车开始对其母亲、祖先各种问候，骂得特别难听。导游、司机不是傻子，一听就知道这是骂自己，不高兴地回了一句："我迟到是我不对，但是请你放尊重点！别说这么难听。"小伙年轻气盛，大声质问导游："谁不尊重你了，我说大巴车呢，搭什么茬儿……""你说什么死全家！说大巴车，谁信？""谁迟到就说谁，浪费大家这么多时间，还有理了。"一语不合，导游跟小伙为首的几个游客吵了起来，越吵越气愤，不知是谁推搡了一下导游，两边便由动口上升到动手，一场精彩的武打动作片上演，直到警察来到现场方才罢休。

……

类似的事件数不胜数。当少数人遭遇些许不满便在公共场合指桑骂槐时，整个礼仪之邦的国民素质都被拉低了。指桑骂槐这种雕虫小技，高级别的达人根本不屑使用，它的杀伤力十分有限，只能逞一时口舌之快，并且显得太幼稚，一眼就能让人看穿。使用指桑骂槐的人多数是普通老百姓，稍不如意，就靠骂人来宣泄，口头倒是轻松了，但是往往会火上浇油，激怒对方，让战争升级，甚至会造成不可挽救的悲剧。

谩骂并不是解决问题的有效方式，反而会火上浇油，让事态更加严重。沟通才是处理人与人矛盾冲突的有效办法。对于生活中的些许小事，乱发脾气地指桑骂槐，不过是没素质没教养的表现，对解决问题没有任何帮助，甚至可以加速问题的恶化速度，深化彼此的矛盾。遇到问题，我们应该积极面对，心平气和地就事论事，在有效的沟通与交流中实现预期，而不是如同泼妇一般阴阳怪气地指桑骂槐。

第 27 计 假痴不癫

装疯卖傻肯定没安好心

计谋指数：★★★☆☆
常用指数：★★★★⯪
江湖指数：★★★☆☆

假痴不癫，说白了就是用装疯卖傻、装聋作哑。说到"装"，大家不陌生，它已经成了一种现代主义的生活态度。有的人装酷，有的人装帅，有的人装糊涂……说到装糊涂，有人装是大智若愚，有人装是别有居心。倘若不碍着他人，爱咋咋的，无人过问，但是若将这项能耐运用到坑爹计划中，就显得很不道义。

就说三国时期的老狐狸司马懿吧，装疯卖傻那是人家的拿手好戏。他追随曹家父子多年，从刘氏手中坑来偌大的基业，建立魏国，吞并蜀吴，一路飞鸿腾达。到曹操的曾孙曹芳继位，他凭着赫赫战功位列太尉，与身为大将军的曹氏宗亲曹爽共同辅佐年幼的皇帝。

　　一山不能容二虎，同为辅佐大臣的曹爽与司马懿必然会上演一场惊心动魄的政治争斗。曹爽是皇亲贵胄，又手握重兵，自然傲气，他一直想除掉司马懿，独掌大权。而司马懿也看不惯曹爽，曹氏基业好歹还是我司马懿协助你的祖宗打下的，你算个什么东西！但是此时的曹爽大权在握，硬拼不得，于是司马懿常常称病不上朝，凡事由曹爽决断。曹爽看到司马懿示弱，心中自然高兴，但是他知道，司马懿诡计多端，不可掉以轻心。所以，曹爽暗中派亲信李胜去司马家打探虚实。

　　司马懿为了躲过曹爽的暗算，让曹爽放下戒心，决定拿出自己装糊涂的看家本领。李胜到了司马府，就听家丁忧心忡忡地哀叹司马懿得了重病，卧床不起。随后，他被引到司马懿的卧室，只见司马懿面容憔悴，头发散乱地躺在床上，一副要死不活的样子。李胜假意问候："好久没有来拜访您老人家了，不知道您病得这么严重。我被任命为荆州刺史，过几天就要走了，特来向您告别。"司马懿气喘吁吁地告诫道："并州是边境要地，一定要抓好防务。"李胜忙说："是荆州，不是并州！"司马懿假装听不明白，胡乱跟他瞎掰。此时侍女给司马懿喂药，他故意吞服艰难，汤水不时从口中翻滚出来，顺着下巴浇灌在胡须上。司马懿有气无力地说："我已经命在旦夕了，要是我死了，请你转告大将军，一定要多多关照我那几个不长进的儿子。"戏演得很成功，李胜回去后向曹爽报告司马懿快要死了，曹爽别提有多高兴了。

　　没过多久，皇帝要外出扫墓祭祖，曹爽作为族人，自然要同行。司马懿逮着这个机会，调来家将，召集旧部，迅速占领了军营，然后逼宫太后，历数曹爽的罪状，要求罢黜这个奸贼。刀都架在脖子上了，太后有的选吗？没有！司马懿掌握大权，乘胜追击，以"篡逆"的罪名诛灭了曹爽全家，最终大权在握，把曹操父子辛辛苦苦打下的江山独霸手中，建立晋朝。

装疯卖傻是人类与生俱来的本能，无关是非对错。但凡事都有一个度，突破了应有的底线，再正能量的东西都会发出阵阵恶臭。常言道，防人之心不可无，害人之心不可有，可偏偏有人不以为耻，反以为荣，自认为绝顶聪明，高人一等，用假痴不癫之法坑害他人。

就说商人吧，做买卖讲究诚信，欺世盗名或可以得瑟一时，但常在水边走，哪有不湿鞋，夜路走多了自然会遇到鬼的。然而，常有商人当顾客是傻子，为赚钱上演装聋作哑的好戏。话说在美国有两兄弟合开了一家服装店，每天哥哥都站在服装店的门口揽客，揽到一位客人，便带入店里热情地推销服装。他拿出十二分的热情不断地强调这件衣服是如何物美价廉，穿上后如何得体、漂亮。顾客禁不起一再吹捧忽悠，起心购买问价时，哥哥就把手放在耳边，装作听力有问题的样子，问："你说什么？"

顾客信以为真，提高音量："这衣服多少钱？"

"噢，价钱是吧？等我问一下老板。十分抱歉，我的耳朵不太好使。"他转身向另一边的弟弟高声问道："喂，这套全毛的衣服卖多少钱？"

弟弟站起来，看了顾客一眼，又看了看服装，说："那套是 72 美元。"

"多少？"

"72美元。"弟弟高声喊道。

哥哥回过身来，微笑着向顾客说："先生，42美元一套。"

顾客一听，哥哥耳朵不好听错了价格，自己捡了一个大便宜，迅速掏出钱来，买下了这套衣服，然后溜之大吉。有的顾客向朋友得瑟地吹嘘自己如何用42美元买了一套价值72美元的衣服。其实，这不过是两兄弟设计的销售手段而已，他们巧妙地利用了顾客喜欢占小便宜的心态来兜售自己的商品，赚取钱财。

虽然销售难免要手段，可是这种过于卑劣的行为只会让人不齿。更可悲的是，在中国，很多商战培训营或是跟营销有关的书籍中都会撞到类似的例子。这样一来，一个负能量被放大了无数倍，如同病毒一般传染于的商界，假痴不癫的手段于是走向复杂化、多样化。

上世纪90年代，深圳某条繁华的商业街上，面对面开着两家专卖牛仔裤的商店，街这边的是A店，街那边是B店。两家店用言行真切地阐释了什么叫同行是冤家，他们之间的明争暗斗早已成为当地居民生活中的必看连续剧。当然，这两家牛仔裤店也是整个街道上生意最为红火的地方。

原来，这两家店的老板是同一个人，所有的精彩好戏不过是他本人自编自导以求关注的手段。他让A店在橱窗里挂出一幅诱人的广告："出售新款春装，为答谢新老顾客，全场八折优惠。"顾客们看到这个消息，纷纷奔走相告，趋之若鹜。不一会儿，他又让B店的员工在醒目的地方挂出一副貌似回应的广告："本店新款服装与对面相比有过之而无不及，注意，单品七折，两件六折。"这样一来，原本冲入 A 店的顾客转而涌入 B 店，所有商品被抢购一空。

类似的战斗从未消停过，两家店忽而东风压倒西风，忽而西风压倒东风，无休无止。除了用广告相互压价竞争外，还上演过经理站在商店门口对骂、干架的戏码，场面十分激烈，直到一方败下阵来，残酷的战斗才画上休止符。这样的战斗已经成为了当地顾客生活中的一道惬意的享受，他们如同比赛场上听到号令的选手一般争先恐后地冲向胜利的一方，然后将更低价的商品抢购一空，不论买到什么样的商品，他们都感觉自己赢了。久而久之，他们开始盼望着两家商店能够"硝烟再起"，他们好从中获益。

这样的手段如今还有人大量使用，只是与时俱进，有了最新的包装，开始装无辜扮小清新，直接让装仇敌的出局下课。C 先生装修房屋，打算自己设计家具，请老实可靠的 H 先生来负责木工以及油漆工程。H 看过 C 先生自己画的设计图后感觉其中有不合理的地方，需要修整，但是为了成功签订合同，他并没有提出。等到开工过半后，他才向 C 先生提出问题，并拿出了修正方案。但是，C 先生担心中途增加工作量会遭遇"费用陷阱"，犹豫不决。H 见状，拿着计算器乱七八糟地计算着，三七二十八这种脑残错误频出，应该是三千多的钱他算成了两千二百五，最后一脸豪迈地说："大家都是爽快人，增加的木工工作量也就两千多块钱，我就不算你钱，大家交个朋友，以后多给我介绍业务就行。"C 先生看情况，一阵窃喜，这家伙小学数学是体育老师教的？他一把握住黄某的手，连连称谢，就依黄某方案开始修订。等到最后结算时，他才发现，H的小学数学跟体育老师没有一点儿关系，人家那是纯粹的计算达人。虽然"增加"的木工部分不加钱，可油漆带工钱就多出了四千多。C先生千防万防，还是掉进了陷阱里。

也有人为了逃避责任，装疯卖傻秀下限，其手段与时俱进，不要脸到了超越你想象的地步。

S女开着爱车出门炫车技，经过一个路口转弯处时，大脑抽筋，直接把刹车踩成油门，横着冲向人行道，将人行道上的王某送去见佛主了。这可摊上大事了，众目睽睽之下，逃逸是不可能的，怎么办？S女突然想起，在法律上，严重的精神病患者属于无行为能力人，不需承担必要的法律责任。她把心一横，脱光所有的衣服下车倒在大街上一会儿哭一会儿笑，没有半点羞耻感。交警来后，废了好大劲才把她弄上警车。逃避责任已经很可耻了，没想到为了逃避责任，她上演了如此恬不知耻的好戏。

更让人痛心的是，假痴不癫，覆盖面广，影响力深远，拥有大量粉丝。只要不碍着他人，如何装，装什么，其实也只是一种现代主义的生活态度，无需吐槽。但是，当一切表演是为了自己获取利益，而不惜坑害他人时，哪怕千夫所指，也是你罪有应得。

第 28 计 上屋抽梯
断人后路逼人上绝路未免太丧心病狂

计谋指数：★★★★☆
常用指数：★★★☆☆
江湖指数：★★★★☆

上屋抽梯，就是诱骗人家上楼，然后抽去唯一的梯子，让人成为瓮中之鳖，任由折腾。这个计谋一出生就带着明星光环，由三国时期的人气男星诸葛亮代言。

话说东汉末年，坐拥一方势力的荆州牧刘表偏爱少子刘琮，不喜欢长子刘琦。刘琮的母亲害怕作为嫡长子的刘琦得势，影响她们母子的地位，非常嫉恨他。刘琦感到自己的处境十分危险，多次请教诸葛亮，希望从诸葛亮那儿讨点主意，但诸葛亮有所顾忌，再三推诿。

有一天，刘琦约诸葛亮到一座高楼上饮酒。二人觥筹交错，喝得正欢时，刘琦暗中派人拆走了楼梯。等诸葛亮发现时，那一个叫天天不应，叫地地不灵，只恨自己不会飞天遁地！此时刘琦哀求道："现在上不着天，下不挨地，你说了什么，出了你的口，就直接进入我的耳朵，可以放心赐教了吧！"诸葛亮见状，无可奈何，便给他讲了一个故事。

春秋时期，晋献公的妃子骊姬想谋害晋献公的两个儿子：申生和重耳。重耳知道骊姬居心险恶，只得逃亡国外。申生为人厚道，要尽孝心，侍奉父王。一日，申生派人给父王送去一些好吃的东西，骊姬乘机用有毒的食品将太子送来的食品更换了。晋献公哪里知道，准备去吃，骊姬故意说道："这膳食从外面送来，最好让人先尝尝看。"于是命左右侍从尝一尝，侍从尝了一点，倒地而死。晋献公大怒，大骂申生不孝，阴谋杀父夺位，要杀了申生。申生闻讯，也不作申辩，自刎身亡。

诸葛亮对刘琦说："申生在内而亡，重耳在外而安。"刘琦领会了诸葛亮的意思，随后上表请求将自己调往偏远的江夏（令湖北武昌西）。这样，他得以避开后母，免遭迫害，苟全性命于乱世。

面对上屋抽梯的手段，聪明绝顶的诸葛亮尚且束手无策，更别提我们。

劳动合同是每一个员工的的保护伞。进入公司，必须签订正规的劳动合同，才能保障自己的利益。但是，依然有人能在严谨的法律条文中找出漏洞，拿劳动合同做文章，上演上屋抽梯的好戏。

A经过再三思量，决定去财大气粗的某球队效力。球队的负责人Z先生热情地接待了他，并且和和气气地跟他谈妥了条件。一切就绪之后，A满意地在劳动合同上签下自己的名字。

合同签订之后，Z先生和蔼地说："明天就来球队报到，合同我先拿去盖章。"说罢，Z先生拿着合同走了，A两手空空地进入球队踢球。时间一晃，三个月过去了，Z先生还是没有将盖了章的具有法律效力的合同交给A。A跟同事提起这件事，才知道很多人都没有拿到劳动合同，如果找Z先生要，他就找各种各样的借口一拖再拖。A此时才明白，这家球队的水有多深。

Z先生跟他们玩心眼，在合法与不合理之间找到最佳的管理手段。对于球队来说，球员的稳定性至关重要，要是球员手上有合同，这将是一个不可低估的威胁。为此，他的选择是侵犯球员合法权益，让球员拿不到合同。面对优厚的条件以及Z先生和气的态度，球员会乖乖地签下合同，这样一来，主动权就全权控制在Z先生手中，他拿着合同不还，球员就没有跟他讨价还价的资本。因为签了合同，球员不踢就是违约，他可以光明正大地扣钱。但是如果球员卖命踢了，俱乐部给不给奖金全凭Z先生这些高层的心情。如此一来，球员进也不是，退也不是，只有乖乖听话。

职场上这样的无良老板还不少。很多公司，签订合同时明文规定工作时间，但是当职工进入公司才知道，公司的管理理念就是：把女人当男人用，把男人当畜生用。八小时的工作时间只是抽象地存在于纸上。无良老板会想办法将工资拖延半个月或是一个月再发，一声令下要求加班，要是员工不从，高层便以工作态度等为由扣工资。员工看不惯这种行为，一气之下递交辞职信，可以，但是在老板手中扣押的工资就休想全部拿到手。当然，坑害员工的结果相当明显，企业留不住人，也难以调动员工的主观能动性。

除了职场，商场中的狠手段也不少。大家在熙熙嚷嚷的大街时常撞见类似的情况：一个年轻的帅哥或是靓女拉住你大肆推销他们的美容产品，一板一眼地给你分析："美女，你皮肤看起来很不错，可惜有点黑眼圈和斑点，我们公司正在搞活动，可以免费体验我们的美容服务，不花您一分钱，只需要您贡献十分钟就行了，要是您感觉良好，给我们做一下推广宣传……"你就在他们巴拉巴拉地介绍中，以为真有不花钱的好事，半信半疑地走入店里，开始享受所谓的免费服务。等脸洗到一半，他们开始解释："把这个涂上之后必须马上用爽肤水以及乳液滋养，否则皮肤会很干燥的，严重的可能会损伤肌肤的机理……前面的步骤我们公司搞活动，全部免费，后面的保养项目就得掏一点点钱了，也不贵，才 300 多一点。"300，说好的免费呢？看你一脸不情愿，他们又开始所谓的 VIP 销售，花一千元办理一张 VIP 卡，每次美容护理打两折，如果现在购买充值了，300 多马上只需花费六十几块钱。不买，行，忍心顶着一张紧绷绷的花猫脸继续逛街吗？

这是明显的骗局。君子爱财，取之有道，只有让顾客真心喜欢的商品与服务，才能在激烈的竞争中立足。再说，物以类聚，人以群分，靠着无耻骗术行走江湖的人，总有一天会遇到道行更高的人，到时候，狭路相逢贱者胜。

赵某，这个同样精明的商人，就遭遇过高他一等的骗局。和其他服装经销商比起来，赵某虽然算不上聪明绝顶，好歹也是精明能干。一天，他在电视上看到 A 公司的服装广告，真心觉得很有市场前景，他迅速跟 A 公司取得了联系，随后又到 A 公司总部的服装展厅考察。偌大的展厅内，华美精致的服饰再一次让赵某肯定了 A 公司的实力。A 公司员工宋某热情、专业地向他介绍了公司的加盟帮扶政策以及《代理合同书》的主要内容，赵某心里荡漾着无数个欣赏与满意，宋某趁热打铁，积极怂恿赵某向公司交纳了 5000 元的加盟定金。

加盟定金上交后，赵某明显感到 A 公司热情大减，不久，宋某电话联系他要求他尽快完善后期款项，并且告知他只有完善汇款后才能获得网上进货密码及《代理合同书》，如果不加盟则不退还定金。无奈之下，赵某只有将代理费余额 43000 元汇过去。

被逼着走，心里已经很不爽了，但是想想多一事不如少一事，赵某也没有多说什么。等自己购进服装后，赵某发现产品与 A 公司在展厅的展品大相径庭。同时，赵某发现自己收到的《代理合同书》的内容与宋某先前所说的严重不符，存在很多不合理之处。因此，赵某拒绝在合同书上签字，并要求 A 公司退还他预交的 48000 元加盟费。结果 A 公司不干了，钱都到自己口袋了，哪有退回去的道理。赵某仔细一回想，从开始交定金，自己就中了这家伙的上屋抽梯，现在是想体面下楼都不行了，只有一纸诉讼将 A 公司告上了法庭。

某个作家曾说过，跟恶魔做交易是捞不到好处的，因为恶魔没有节操，没有底线，必要时候他们会将人品、道德等等丢得一干二净。很多混迹政坛的官员，有时候就会不知不觉地陷入瓮中，难以自拔。虽说苍蝇不叮无缝的蛋，但是现实中圣人毕竟是少数，大多数人还受限于七情六欲，面对高人苦心设计的种种陷阱，难免一失足成千古恨。当一个社会不能成功扩张正能量的影响，不能激发小人物身上的善良，不能阻止大多数人在道德下滑面前欲与天公试比高的决心，那么黑暗将不断席卷社会的光明，地狱将在不远的前方等着吞噬我们。

第 29 计 树上开花

论包装的重要性

计谋指数：★★★☆☆
常用指数：★★★★⯪
江湖指数：★★★★☆

三十六计中低调奢华有内涵的绝佳代表非"树上开花"莫属，它的知名度相当低，使用频度却让其他计谋望其项背。什么是树上开花？树上本没有花，贴的花多了，也便成了花。这哥们很低调，存在感基本为零，很多人对它表示"很陌生"，甚至根本没有听说过，但是，低调是最得瑟的牛气，低调并不影响它处处开放。

孟姜女的故乡陕西铜川市王益区就曾亲身实践过树上开花的计谋。初春将至，正是桃花朵朵开的时节，为了吸引万千游客，区政府决定为桃花隆重举办一场欢迎仪式——桃花节。宣传工作进展得红红火火，眼看活动日即将到来，可是冬姑娘赖着不走，桃花一点都没有要开的意思。主办方一个头两个大，推延活动时间牵扯过大，绝对是作死的前奏，肯定会损失很多。经过万千纠结，最后他们决定往光秃秃的桃树上绑假桃花，糊弄过去。只要领导不追究，游客怎么看关我屁事！活动当天，声势浩大的开幕仪式与红彤彤的假桃花"相得益彰"，还当真美艳逼人，惊呆了所有游客和一贯冷艳的冬姑娘。

再说说重庆的"树上开叶"，也相当雷人。为建设"森林重庆"，北方的银杏树被大量移栽过来，从喧嚣的市区到宁静的乡镇，随处可以觅见银杏的身影。银杏树又叫"公孙树"，它的生长周期相当长，爷爷辈种的树要到孙子辈才能乘凉。移栽过来的银杏树难免水土不服，枝叶不够繁茂，显得孤孤单单，冷冷清清。一次，某区县接到通知，时任市委主要领导下区县考察将要开车路过，为了给领导一个好的印象，让领导知道他们的工作做得很到位，区县积极调配人手，用丝绸做出精美的银杏树叶粘贴在树枝上。顿时，一片生机勃勃的景象萦绕在道路两旁，乍一看去，还真以为银杏树枝繁叶茂，美不胜收。

树上开花，原本只是一个抽象的比喻，指的是用虚假的装饰包装自己以迷惑对方，从而实现自己的目的。如果把它当成"粉饰太平"的手段，其功效就只剩下涂脂抹粉了。

其实，这一招若用得好，那可是满满的正能量。北宋皇佑年间，南方壮族首领侬智高起兵叛乱，宋钦宗命令狄青带兵平叛。临战前夕，狄青巡营，发现很多士兵忧心忡忡地祈祷上天。狄青不解，仔细询问才知道，原来侬智高利用专业水军广做舆论宣传，称自己是天神之子，奉命讨伐大宋。大家信以为真，跪求上天保佑。狄青大吃一惊，军心不稳，还打个屁！为了扳回局势，重振士气，第二天，他将所有将士召集起来，说："此次出征，胜负难料，今天我用百枚铜钱祈求上天，字面朝上说明神明佑我，如果字面朝下，说明我们赢不了。赢不了打个屁，不如班师回朝，各回各家，各找各妈。"说完，他将百枚铜钱高高抛出，撒在地上。大家眼睛都不敢眨，紧张兮兮地注视着，铜钱落地，百枚铜钱字面都向上，没有一个是反的。真是皇天保佑，士气顿时大振。狄青下令将百枚铜钱用铁钉钉在原处，然后整装出发，戮力平叛，果然大获全胜。后来一位部将返回集合的教场，取出铜钱一看，百枚铜钱两面都是字。

狄青的这一做法倒是机智过人，原本就是对方先不仁，狄青只是正常反击，并没有伤害无关之人。可一落到牛气的高人手里，看似没有技术含量的树上开花，居然花样百出，会把人忽悠得天旋地转，于是神州大地，无数枯木久旱逢甘露，开出朵朵艳丽的奇葩："吃了这个保健品，腰不疼了，腿不酸了，多年的糖尿病也治愈了……""原价￥19998，为了回馈新老顾客，现在只卖￥998……"可怜一群饱受病魔之苦的人，奇葩再艳丽也是假花，钱流水一样去了，可病还是那个病，痛还是那个痛。

H是新手律师一枚，收入不高的他常常打肿脸充胖子，花钱去车行租用昂贵的宝马车代步。见客户，签合同，上法庭，常常见他开着租来的豪车来回得瑟。一月下来，微薄的收入常常入不敷出，亲朋好友很不解，他无奈地解释："我是被逼的，我也想坐地铁乘公交，便宜还环保，可是客户不答应。你不知道，以前我好不易谈拢了一单生意，临走的时候客户知道我坐公交来的，当时脸色就怪怪的，没几天功夫他就另外找了一个律师。"金钱变成了才能的衡量利器，大家就难免往脸上贴金装款爷，像比尔·盖茨一样穿着皱巴巴的西装走出商务舱，倒变成了惊呆所有人的外星来客。

H 的经历在 D 先生眼里只是一般般。要说 D 的倒霉事，那真是不忍直视，苦不堪言。为了拓展公司的业务，D 专门设立了网络营销员建设自己的公司网站，希望可以通过网络扩大生意。一天，一家深圳外贸公司发来传真，声称有一外商要订购 10 台设备，D 一听这消息，高兴得合不拢嘴，吩咐手下赶紧跟这家外贸公司详细洽谈，不求赚多少，但求打开门路。双方经过一番讨价还价，最后敲定，每台 18 万，合计 180 万，外贸公司提 8%。不过，外贸公司表示，大家第一次合作，希望 D 先生亲自到深圳签合同。三天后，他坐上了飞往深圳的航班。

他来到外贸公司的办公大楼，那巍峨雄壮的楼宇顿时让人望洋兴叹，更别提里面精致华美的装饰，不失简约，又显得专业，还有来来往往忙碌的白领……这一切都让 D 先生觉得，这家公司很牛气。一直电话联系的业务经理 A 一出现就巴拉巴拉地介绍公司的雄厚背景，之后，便说："你们这笔 180 万的订单，我可花了不少心思，老外可难缠了……"D 一听这话，立刻明白，这家伙想吞点回扣。没问题，江湖何处不被潜，这笔买卖给他三点回扣。A 得寸进尺，要先拿钱后办事。D 只好将 5.4 万元双手奉上。之后，A 像是人间蒸发一般，迟迟没有联系安排发货的事。D 找到那家深圳公司，人家表示，他们根本没做外贸，公司也没有 A 这号人物。D 先生这才明白，这一切不过是 A 借着其他公司华美的外衣诈骗的手段。

树上开花，弄虚作假。于政治来说，无法直视自己的缺点，再坚固的政治堡垒，也会在虚无的美梦中日渐走向崩溃；于经济来说，不脚踏实地积累财富，再大的泡沫都有破灭的一日；于渺小的社会个体来说，再完美的谎言都会被揭穿，揭穿之后社会变得更加冷漠与缺乏安全感……树上开花装点不出真正的幸福，脚踏实地才能建设坚固的根基，才能书写每一刻的精彩。

第 30 计 反客为主

做一个安静的好客人，很重要

计谋指数：★★★★☆
常用指数：★★★★★
江湖指数：★★★☆☆

本是客人，却用一切手段侵蚀主人家的主动权，占据本是主人家的一切，这就是反客为主。这个词语最早出现在《战国策·秦策》中。话说商鞅变法触犯了很多贵族的利益，为了弄死商鞅，秦国贵族向秦王进谗言："现在秦国老少妇孺都在谈论商先生的变法，却没有人说这是大王您的功劳，商先生这是反客为主，让大王成了他的臣子了。"这么一段二到姥姥家的政治诬陷成就了反客为主，后来经过后继者的不断丰富，反客为主成功挤进计谋三十六强。大名鼎鼎的袁绍就曾利用反客为主的计谋成功吞并好友的地盘。

东汉末年，中央政府势力衰微，地方土豪以及大小官员乘机拥兵自立，一时间出现了无数割据势力，他们为了利益相互厮杀。当时，袁绍从北方崛起，成为不容小视的劲旅，四处作战，累积了不少威望。而他的好友韩馥本是冀州的大官，在战乱中将粮草丰富的冀州占为己有，做了冀州土霸王，过着安逸舒适的小日子。一次，袁绍屯兵河内，河内地区生产力不济，粮草短缺，这让袁绍十分头疼，时常要为大军的吃饭问题犯愁。好友韩馥知道他的困境后，主动派人给袁绍送去粮草，帮助他解决燃眉之急。这土豪朋友让袁绍感激不已，不过，感激归感激，为了在乱世中杀出一条血路，打出一片江山，这家伙没心肝地决定吞掉韩馥的冀州。

首先，他给附近的另一土豪公孙瓒写了一封激情四射的书信，邀请他一起出兵攻打冀州。公孙瓒早就对冀州虎视眈眈，袁绍的怂恿正中下怀，他二话不说，带领数万精兵直奔冀州。袁绍的第一步成功了。随后，他暗中派人去见韩馥。那人对韩馥说："公孙瓒怂恿袁绍跟他联手一起攻打冀州，人家兵强马壮，估计冀州是保住不了。袁绍不是你是好朋友吗？你不是还给他送过粮草吗？不如联合袁绍对付公孙瓒。你让袁绍的大军进入冀州，有他的大军跟冀州军民携手合作，还怕一个小小的公孙瓒，冀州不就保住了？"韩馥此时是进退维谷，为了保住冀州，他把心一横，决定相信自己的好友袁绍，邀请他带兵进入冀州。

袁绍不费一兵一卒，风风光光地带领军队进入富庶的冀州。这位请来的客人，表面上尊敬韩馥，实际上却逐渐将自己的亲信一个一个安插在冀州的要害部位。等到冀州的管理权落入袁绍手中，韩馥才明白，请神容易送神难，自己在冀州早已没有立足之地，为了保全性命，他不得不只身逃出冀州，把地盘拱手让给传说中的"好友"。

在利益面前谈感情，只会让你死得更快。在你争我夺的名利场，反客为主很常见，它的手段没有限定，可土鳖矫情，可高端洋气。有个成语叫"鸠占鹊巢"，就是典型的反客为主。斑鸠不会筑巢，往往采用武力强行霸占弱小的喜鹊辛辛苦苦建设好的家园。同样是占据别人的地盘，它是蛮横地使用暴力侵吞，这不过是其中一种低端的手段而已。除了暴力，反客为主还有很多意想不到的手段，甚至堆着满脸笑容来成功占据主动权，侵吞他人利益。

曾经在培训会场听到这样一个故事，某面馆的老板每天忙得不可开交，他不在厨房重地忙碌，也不在收银台死守，而是一手端着一盘新鲜出炉的煎蛋，一手拿着一个钳子在顾客中穿梭。每当服务员将一碗热腾腾的面条端到顾客面前，他就紧随其后，夹起一个煎蛋放在面条上方几毫米的地方，热情地询问顾客："加一个鸡蛋还是两个鸡蛋？"人都有思维死角，也好面子，这种情况下很少有顾客会反对加煎蛋，大多都会顺口回答："一个吧。"本来顾客没有加煎蛋的要求，但老板给出的选择题成功占据主动权，无形中促使顾客加了煎蛋。据培训会场的老师统计，这家面馆一上午能卖出500多个煎蛋，一个煎蛋的纯利润哪怕只有一元钱，老板的行径也会让他每天上午都比别的面馆多赚500多元，一个月至少多赚几千元。很多人可能会感慨老板经营有道，但是有没有人从顾客的角度思考一下他是否可以用这等手段侵占顾客的选择主动权！

炎炎夏日，人声嘈杂的菜市场，在卖甘蔗的小摊前，如果用心会听到这类有趣的对话。

小贩：卖甘蔗哦，三块钱两截，便宜又好吃。

顾客：怎么卖的？

小贩：三块钱两截。

顾客：来两截。

小贩：好嘞。五块钱给你三截吧？

顾客：行。

顾客一般不会把这小账往心里去，还以为自己占了小便宜，高兴地拿着甘蔗走了。仔细想想，很多没节操的小贩总是干这样的买卖，在对话中引导顾客做选择，利用思维死角侵占顾客利益。这些小手段在我们生活中见怪不怪，人们早就习以为常了。

反客为主的渗透力绝不止这一点点，经过牛掰人物的改良，它的实力更让人惊叹。中国的职业经理人，就有一些反客为主的高手。职业经理人受委托管理公司，在其位谋其政，本应为东家管好企业，赚足金银，但是人性中有一种弊病叫自私，就有人不能坚守道德人品底线，利用职务之便逐步渗透东家的公司，捞取自己的好处。

素有"彩电第一职业经理人"之称的陆强华算是反客为主的实践达人。他受雇于百亿富豪黄仕灵，却在管理公司期间，别有用心地安插亲信到公司的财务系统，其构成的"关系网"

被黄仕灵比喻为"针插不入，水泼不进"的独立王国。黄仕灵委派的财务监督人员曾被这个独立王国拒之门外，根本无法探知自己公司的财务状况。后来清点公司财务时，才发现公司财务上有几个亿的成本黑洞。

还有国美的职业经理人陈晓，也算是反客为主的高手。2008年，黄光裕被有关部门刑拘后，他名正言顺地接过黄光裕手中的管理大权，成为国美电器的新掌舵人。作为职业经理人的他并不满足这一切，他撇开老板黄光裕开始大刀阔斧地对国美内部进行改革，试图在国美身上打上"陈氏"烙印。为了逐步扩大自己在国美的影响力，他启动股权激励计划收买民心。据有关资料显示，这个方案涉及总计3.83亿股股份，总金额近7.3亿港元。陈晓自己与另外10位公司董事及附属公司董事共获授购股权为1.255亿股，其中，陈晓自己获2200万购股权，股权激励惠及105人。和黄光裕的吝啬相比，陈晓的慷慨成功收买了几乎所有的老臣子。然后，陈晓引入美国投资机构贝恩资本，妄图稀释黄光裕手中的股权。当然，黄氏家族积极应对，最终还是斩获了胜利。虽然陈晓最终以失败而告终，但是他的行为活生生地阐释了反客为主的内核。回忆当时，不少人鄙视他、谴责他，他的所作所为挑战了职业经理人的节操，也挑战了一个人的基本人品。

反客为主的思维以及影响力，严重限制了中国商业前进的步伐。重庆力帆的尹明善曾直言，让一个外人掌握企业的核心技术机密很危险，为此，很多企业倾向于走家族企业路线。这种不信任感难以让中国企业、中国社会走得更远。

第六章　败战计

丑小鸭也能变黑天鹅

第 31 计 美人计
长得好看不是罪

计谋指数：★★★☆☆
常用指数：★★★★★
江湖指数：★★★★☆

食色性也，亲近美好厌恶丑陋是人类与生俱来的天性，美女帅哥向来都是引爆眼球的绝佳利器。善良的人选择对这类美好的事物报以欣赏的态度，而自私自利的高人却利用美丽达成自己的一己私利，妹喜祸害夏桀，貂蝉迷惑吕布，昭君远嫁突厥……不知从何时开始，美丽开始被利用，只为满足某些人的私利。回忆起那些过往的美人儿，历史留下了太多的责骂与惊叹，说是非功过只因红颜祸水，却少有人关切她们的命运。

就说春秋后期吧，江南一隅的吴国和越国争斗不休，两国的老大为了国恨家仇斗得你死我活，堪比金庸古龙笔下的江湖情仇。夫差的父亲阖闾杀了勾践的父亲允常，勾践为父报仇，杀了夫差的父亲阖闾，然后夫差也要为报父仇，在伍子胥的帮助下大败勾践，纳越国为属国。

故事的下文自然是勾践痛定思痛，卧薪尝胆，准备一雪前耻。他时常告诫自己，君子报仇，十年不晚。为了复仇，勾践一改懒散的坏习惯，大量选贤任能，广泛奖励生产。为了放倒对手，他针对夫差荒淫好色的特点，让范蠡在全国范围内挑选绝色美女加强训练，以期送入吴国祸乱朝纲。

范蠡四处寻访，终于找到两个万里挑一的绝色美人西施与郑旦。特别是西施，天生丽质难自弃，尤其是心口疼时双手捧心蛾眉微蹙的样子，那一个颠倒众生。她们被范蠡带入王宫，经过三年的悉心培养加洗脑，学会了多种歌舞技艺，然后被当成礼物献给吴王夫差。果不其然，夫差被西施郑旦迷得神魂颠倒，他嫌弃宫殿鄙陋，委屈了美人，于是大兴土木，先后建筑了馆娃阁、响屐廊。美女作伴，夜夜笙歌，从此朝政是路人。

西施没有忘记范蠡的交代，为了削弱吴国的人力物力，她极力怂恿夫差四处征伐，并且暗中联合重臣弄死了视越国为眼中钉的伍子胥。勾践也不闲着，一年，他谎称越国因灾荒而歉收，百姓颗粒无收，希望吴国借粮十万石以解燃眉之急。吴国大臣议论纷纷，夫差拿不定主意，此时西施旁征博引地说："大王，亏你还想称霸天下，这点小事都决断不了？你看看齐桓公在葵丘会盟时，主动号召大家救济穷国，前人尚且如此，更何况越国是您的属国！"西施这番话，弄得夫差又羞愧又欣赏，于是将十万石粮食借给了越国。第二年，越国还给他一批饱满硕大的稻子，夫差高兴地下令："用这十万石稻子做种子。"其实这些粮食被范蠡动过手脚，看上去饱满硕大，其实内核早已腐坏，根本无法发芽。第二年吴国粮食歉收，国力凋敝，民不聊生。勾践趁机一举灭掉吴国，成为春秋末期最后一个霸主。

这算得上是古代知名度颇高的美人计实践案例。美人计，简而言之就是利用美色侵蚀对方，以达到自己的目的。它的来源无从考究，但是经过千百年的实践，早已深入人心，成为一种普遍的存在。战争中，生活里，放下节操，放下尊严实施美人计的家伙不胜枚举。

二战时期，前苏联为了弄到大科学家爱因斯坦手中的原子弹机密，就曾动用美人计。接手这个任务的美女间谍名叫玛加丽达，是著名雕塑家谢尔盖·科涅库夫的妻子。1924年，年轻貌美的玛加丽达随丈夫来到美国，以访问学者的身份定居下来。一次偶然的机会，她的丈夫接到普林斯顿大学的邀请给爱因斯坦塑雕像，玛加丽达凭借这个机会结识了在美国避难的爱因斯坦。她拥有上天赐予的美貌，还拥有高端大气上档次的学识。面对这个女人的猛烈追求，IQ很高EQ欠缺的爱因斯坦没有顶住，最终拜倒在这个有夫之妇的石榴裙下。1945年，玛加丽达完成了她的使命，神秘返回莫斯科后，爱因斯坦相思成疾，一口气给她写了9封深情款款的情书。在这些情书中，爱因斯坦深情地回忆起过往的美好时光，并且表达了自己的思恋之苦。而他也许到死都不曾知道自己痴心错付，爱上的是前苏联女间谍。

玩弄感情的人十分令人讨厌，不管是因为国仇家恨还是政治利益，也不能洗脱这等深重罪孽。然而，很多时候，更可恶的是在背后操控这些的人，可惜了那些在用美色拼搏在一线的美人，她们战战兢兢如履薄冰，还要背负骂名。美丽本没有错，可是利用美丽来作恶就不可原谅了。至于为了实现个人的荣辱献身权贵，或是为领导拉皮条、铺路子，必要时还可以顶下领导嫖娼的恶名，其行为之猥琐实在令人不齿。

民国政坛就有这样一位名声赫赫的皮条客段芝贵。他四处寻访收购名妓美女，以此贿赂袁世凯。时间不长，他就一路节节高升，成为天津巡警道，相当于现在的警察局长。

1907年，庆亲王奕劻的儿子载振路过天津，一眼相中了艳冠群芳的坤伶杨翠喜，想据为己有。这杨翠喜虽是戏子，却是个清高的人，断然拒绝了。段芝贵听说了这件事，乐得不可开交，他一直想攀上中央有权势的大人物，这回可逮到机会了。他用了各种方法威胁利诱杨翠喜的父亲，强行塞给他一万两，逼迫他答应将杨翠喜嫁给载振为妾。杨家害怕受到迫害，无可奈何，只有选择牺牲女儿。就这样，杨翠喜成了段芝贵攀龙附凤的礼品，被送到载振的住处。

抱得美人归，载振自然感激连连，回到北京就在老爷子庆亲王面前天花乱坠地盛赞段芝贵政绩优良，心细才长，是大清王朝不可多得的人才。庆亲王信以为真，添油加醋地向慈禧推荐这家伙，让他担任黑龙江巡抚。

太坑了，段芝贵除了拉皮条没什么像样的本事，却一路飞鸿腾达，辉煌之下不知道有多少无辜女子的尸骨铺路。后来，杨翠喜遭到载振众多小妾的妒忌，有人把这事给捅了出来，一时间成为各大报纸的头版头条，二奶作为反腐利器，成功断送了段芝贵的仕途。可怜杨翠喜，不仅不能主宰自己的婚姻，最后还在各种污蔑漫骂中身败名裂。

直到今天，还有很多情妇一举成为"反腐英雄"，这是社会的庆幸还是悲哀？

视野转入社会生活的点点滴滴，我们依旧可以随处瞅见美人计的上演。Z 与 W 是一对情侣，两人都无固定职业，为了赚钱，Z 心生一计，让女友 W 主动结识一些男子，起初 W 不情愿，Z 劝解道："那些男的好色成性，我们不过是给他们点教训。"在 Z 的怂恿下，W 同意了，她通过 QQ、微信等主动勾搭一些同城男性，一番甜言蜜语之后，主动邀请男子到外面咖啡厅约会。不少大叔正太被长得有几分姿色的 W 迷住了，以为自己桃花盛开，傻傻去赴约。他们或上演老公捉奸的好戏威胁男子出钱摆平，或直接套取男子地址趁机潜入家中盗取值钱物品。

还有人招募各式各样的美女组建专业美人计实战团队，他们分工明确，流水作业，环环相扣，让人防不胜防。首先，专业的键盘手冒充年轻女子在网络上跟男网友网恋并邀请见面，随后，"传号手"会将聊天内容中的有效信息整理出来，交给"店主"分门别类，安排妥当后店主将相关信息发给线下职业酒托女，让她们赴约并想办法带男网友去指定茶楼酒吧等进行高额消费。有些价值十多块的劣质红酒，摇身一变成为价值几千元的高档红酒被买单。

靠帅哥美女吸引眼球，已经成为视觉系经济时代的生存法则，各大车展靠美女车模秀下限来获得关注，明星大腕靠拍露肉写真上位，网游公司靠身材火辣的美女人物来吸引玩家，影视剧靠激情无限的床戏招徕观众……美人已经从清纯温馨的神坛堕落，人们对美丽的肤浅认识，深深玷污了美丽以及这个世界。

或许在大多数人眼中，美人计的存在没什么可耻，实施者与承受者不过是周瑜与黄盖的关系，无关下作。然而，当黄色成为这个世界的主色调时，指望孩子天真无邪不是痴人说梦吗？抱怨小学生性早熟不是欲加之罪吗？对于公共场合的不雅行径横加指责不是在打自己嘴巴吗？

第 32 计 空城计

高大上的好戏，只此一家

计谋指数：★★★☆☆
常用指数：★★⯪☆☆
江湖指数：★★★☆☆

说起空城计，第一反应就是诸葛亮跟司马懿的故事。三国时期，诸葛亮错用马谡失掉战略要地街亭，让刘备大军陷入劣势，不得不撤退。大军撤退之际，司马懿引 15 万大军向诸葛亮所在的西城蜂拥而来。当时，诸葛亮身边只有一班文臣，没有一员武将，手下带领的 5000 士兵有一半运粮草去了，只剩2500 名老弱残兵。众人听到司马懿带兵前来的消息都吓坏了，觉得自己一条腿已经踏入了阎王殿。诸葛亮倒是显得很镇定。他传令把所有的旌旗藏起来，士兵原地不动，私自外出以及大声喧哗者杀。然后把四个城门打开，每个城门口派 20 名士兵扮成百姓模样，洒水扫街。诸葛亮自己则披上鹤氅，戴上高高的纶巾，领着两个小书童，带上一把琴，到城楼前凭栏坐下，陶醉地弹奏一曲。

司马懿的先头部队到达城下，见这气势，莫非有诈？都不敢轻易入城。司马懿只见诸葛亮端坐在城楼上，笑容可掬，正在焚香弹琴，左一个书童，手捧宝剑；右一个书童，手拿拂尘，三人都淡定自若。而城门外，20多个百姓正低头洒扫，旁若无人。司马懿疑惑不已，不敢贸然进攻，于是下令撤退。路上，他儿子司马昭说："莫非是诸葛亮家中无兵，所以故意弄出这个样子来？父亲，您为什么要退兵呢？"司马懿解释道："诸葛亮一生谨慎，不曾冒险。现在城门大开，里面必有埋伏，我军如果进去，正好中了他们的计。还是快快撤退吧！"

有人说司马懿已经洞察了诸葛亮的空城计，他是为了防止"狡兔死，走狗烹"的结局而故意中计。无论是那种可能，总之，诸葛亮一出空城计保住了自己以及几千人。不过，这个故事纯属虚构，据正史记载，当时司马懿人远在洛阳，负责带兵围剿诸葛亮的是张郃，诸葛亮并没有使用什么计谋，直接退回了汉中。

虽说此故事纯属虚构，不过空城计是确实存在的。乍一看，空城计跟树上开花有些许雷同。树上开花是弄虚作假的典范，而空城计将虚无发挥到了极致，堪称故弄玄虚的泰斗。诸如牌桌上，两人都拿着烂牌，A炫耀自己运气超级无敌好，让人以为他手上抓着一副好牌，而B沉着冷静，不言不语，淡定之中隐隐透出杀气，对手摸不透他的心思，猜不着他的手段，不敢贸然下狠招。A略显土鳖，使的便是树上开花的伎俩，而B尽显低调奢华有内涵，这便是空城计的手段。所以说空城计是树上开花的升级版一点不过。

空城计的等级明显偏高，一般人不敢轻易驾驭。成功了自然空手套白狼，要是运气不好绝对是作死的节奏。纵观历史上的案例，大多数空城计的玩家都是被逼到绝境不得已而放手一搏，大有置之死地而后生的觉悟。

且说重庆一富豪 D 先生，早年是无业游民，为发财他大胆入住奢华的扬子江酒店，每天出入高档会所，希望结识真正的富豪。可惜，对于普通百姓来说，扬子江酒店的高端消费绝对是烧钱神器，这富豪还没勾搭上，D 兜里的钱就所剩无几。几乎弹尽粮绝的 D 痛定思痛，发现光是住在昂贵的酒店也未必能结识富豪，倒是早餐时酒店的餐厅绝对是不容错过的战场。于是，他每天早晨穿戴整齐之后，就拿上一本书直杀扬子江酒店，要一份早餐，然后悠闲地品味黑格尔的哲学思想或是熊彼特的经济学观点。日复一日，难免让人产生错觉，认为这位先生是家大业大神秘莫测的高人。日子久了，有人感兴趣地跟他攀谈几句，从黑格尔到公司管理，从经济学到市场行情……

甲跟他聊天表示手上有一吨钢材准备低价出手，乙向他坦言自己想买入一吨钢材；丙告诉他想出手一批丝绸，丁正好打算购入丝绸一批……就这样，他左右逢源，将甲手中的钢材卖给乙，将丙的丝绸转手给丁……别人无心的一句话，成为他赚钱的利器。几次下来，小有盈余。当然，常在水边走，难免不湿鞋，货物对不上路赔钱的事儿也常常搅得他焦头烂额。不过，凭借在早餐餐厅倒卖各种商业信息，D 终于从身无分文一跃成为重庆有头有脸的人物。

重庆俗称这类人为"穿穿"，自己不花一分钱，不堆一点货，放着胆子利用信息不畅通的商家急需货源的心理，倒卖二手、三手信息，撮掇两家人做买卖。除了穿穿，还有人成立皮包公司专门"牵线搭桥"。我们不能说这种商业现象不好，只能说危机四伏，有待改进。活跃在其中的穿穿以及皮包公司并不承担任何责任，生意成了倒也皆大欢喜，倘若不成，中间人一跑路，商家亏大发了还无处伸冤。

空城计不需要像树上开花那般横加吹捧，夸张装饰，有时无声便胜过有声。D先生的高明之处在于用《黑格尔》一类的书和简单高档的衣着掩饰自己的穷困潦倒，倘若他张口便滔滔不绝地夸耀自己，就难有机会寻觅到发财门路。同样是装，低端的树上开花让人装高调，而升级版的空城计选择让玩家在低调中霸气侧漏。

譬如家教市场，很多培训学校或找来专家挂名揽客，或直接打出名校招牌。其中有一家培训学校只是简单地强调：专业名师亲身执教，签订合同保证教学效果，无效退款。恰恰是这份隐约的得瑟让不少家长前来咨询，招生人员淡定地拿出资料，细心地解释："现在教育部有规定，不许在校教师在外补课，一经发现要被处理。"这番解释间接摧毁了其他竞争对手在家长心中的专业形象，然后，招生老师唾沫横飞地介绍本培训机构的师资力量雄厚，签订合同保证提分，无效全额退款……要是有家长询问教师来源，就正中他们下怀。他们会装着紧张地指指教育部的文件，故作神秘地示意家长不要多问，随后意味深长地解释一句："反正是专业的名师，你懂的！"这一番动作此地无银三百两，暗示家长他们的教师是真正意义上的在校名师。一番做作的遮遮掩掩，家长反而深信不疑，爽快地交了高昂的补课费。其实，这些课外辅导机构并没有什么名校教师，大多数家教老师来自高校急寻兼职的大学生、研究生，有一些胆大的在校教师也并不如辅导中心吹嘘的那般神奇。在校名师的噱头，不过是他们为吸引家长而编织的谎言而已。

空城计，简单点说就是故弄玄虚以欺骗他人，绝对算是计谋三十六强中的腹黑达人，在低调中让人琢磨不透，不敢贸然下手。空城计并不是一本万利的买卖，要么上天堂，要么下地狱，级别不够的人还是玩玩树上开花算了。别看它等级高，也不过是"骗"的一种。而骗得了一时，骗不了一世，撒一个谎言，结局不是被揭穿之后千夫所指，就是在艰辛中编织N个谎言来维系，直到最终被揭穿。

第 33 计 反间计

没有绝对忠诚，只是诱惑的砝码没放够

计谋指数：★★★☆☆
常用指数：★★★★☆
江湖指数：★★★☆☆

离间敌人，从内部瓦解对方的战斗力，这种手段是对峙双方惯用的计谋手段。单纯的离间在人类的发展史上早就弱爆了，将计就计才是高手，利用对方派来的间谍反向离间对手，就叫"反间计"。

反间计来源于《孙子兵法·用间篇》，其中将用间计谋分为五种：因间、内间、反间、死间、生间。这之中的反间，就是不惜一切手段利用敌人派来的间谍以达到自己的目的。《孙子兵法》中提到，要将五种离间法交叉联合使用，才能高深莫测。因此，大家提到反间计，已经不单单是"反间"，而是涵盖了所有离间的计谋。

反间计与其他离间计谋有什么细节的差别呢？先看看军事

斗争中前人是如何施展的。

三国时期，曹操率领八十余万大军南下，准备渡江灭掉东吴。虽然刘孙两方合力抵抗，但奈何兵力太少，着实吃力。曹军中大多数是旱鸭子，不擅水战，由精通水战的降将蔡瑁、张允带队临时抱佛脚。曹操得知对方大将是年轻有为的周瑜，一贯爱才的他难免有点小激动，想挖墙脚。帐下谋士蒋干跟周瑜是同窗好友，一听主公这点小心思，主动请缨去拜会周瑜，企图说服周瑜倒戈相向。

周瑜见蒋干过江，热情款待了他。酒席筵上，周瑜让众将作陪，炫耀武力，并规定只叙友情，不谈军事，堵住了蒋干的嘴巴。喝到中途，周瑜佯装大醉，约蒋干同床共眠。蒋干见周瑜不让他提及劝降之事，心中不安，哪睡得着。他偷偷下床，瞅见周瑜案上有一封信。他偷偷打开信一看，原来是蔡瑁、张允写来的，约定与周瑜里应外合，击败曹操。突然，周瑜说着梦话，翻了翻身子，吓得蒋干连忙上床。过了一会儿，忽然有人要见周瑜，周瑜起身和来人谈话，还看了看蒋干是否睡熟。蒋干装作沉睡的样子，只听周瑜跟手下窃窃私语，隐约听见蔡瑁、张允二人的名字。于是蒋干对蔡瑁、张允二人和周瑜里应外合的计划确认无疑。

蒋干连夜赶回曹营，将周瑜伪造的信件递给曹操，曹操顿时火冒三丈，下令杀了蔡瑁、张允。等曹操冷静下来，才发现自己中了周瑜的反间计，可是熟悉水战的两名大将已经成了刀下亡魂。周瑜成功除掉了曹军中精通水战的家伙，为庞统打入曹营铺平了道路。可怜的蒋干，偷鸡不成蚀把米，被周瑜玩得团团转。

在过往的岁月里，反间计被无数次使用。岳飞利用兀术的间谍废除叛贼刘豫，皇太极利用大明朝的使臣灭掉袁承焕……军事斗争你死我活，尔虞我诈在所难免。但是，当硝烟远去，秩序成为社会发展的基石时，该舍弃的就要舍弃。道义不存，节操不保，随时能让社会内分泌失调。

不信，瞅瞅商场吧！为了保证市场秩序，国家早就制定了《反不正当竞争法》等有关法律法规，但是，依旧有人我行我素，为所欲为。

A 与 B 两家公司同为国外某知名品牌的代工商，规模与技术水平旗鼓相当，多年来他们为了争订单，上演了不少明争暗斗的好戏。一年，A 公司幸运地拿到大批代工业务，B 公司心有不甘，为吃下 A 公司手中的订单份额，B 公司的高层决定冒险派商业间谍进入 A 公司。此时，A 公司总经理的位置空缺，不少人虎视眈眈，跃跃欲试。为了成功击败 A 公司，夺得 A 公司的嘴边肉，间谍决定利用这个千载难逢的机会。他主动接近 A 公司内部几位重要管理人员，挑拨离间，矛盾激化。此外，他还在员工面前大量散布负面信息，称公司使用有毒的生产材料，会造成不孕不育，严重的还会致癌……没多久，A 公司内部乱作一团，大批员工纷纷离职，几位重要的管理人员也因总经理之争而出走。A 公司高层眼看公司陷入混乱，无力按期完成订单，为避免国外客户的巨额赔偿，他们只得将大部分订单委托 B 公司代工。虽说是转手生意，可是 B 公司从中一举抢得了对手 70% 以上的利润。

　　曾经从事过商业间谍工作的 D 先生说过，"能被查到的其实都是并不高明的商业间谍"。顿时觉得世界一片阴森，暗下杀手完全不着痕迹。多年前，D 先生还是北京某 4A 广告公司客户二部经理，一天接到了竞争对手公司高薪挖角的橄榄枝，对方很直白地表示，看重的是他手中的客户资源，希望他能带着这批客户资源跳槽。D 犹豫不决，最终将这一消息告诉了原公司总经理。你无节操，就别怪我没人品！原公司高层秘密召开紧急会议，决定给他更好的薪金让他顺水推舟跳槽，到新公司上演无间道。在原公司的授意之下，他把自己手中的几个客户带到了新公司，在新公司表现出了鹤立鸡群的业务能力。因此，新公司的高层以为从竞争对手那儿挖到了一个优秀人才。他们却不知道，在重要的项目上，拿着双薪的 D 私下不断将新公司的策划方案、项目报价等重要资料传回原公司，使原公司在项目竞争上接连胜出。

　　对于大企业来说，竞争对手一般是固定的。为了在信息竞争中占据优势，很多藐视法律法规的商界精英会在适当的时机派间谍进入敌营进行长期"埋伏"，等待时机获取重要的技术或市场情报。在号召公平公正公开的社会竞争中，诡计百出早已不是什么稀奇事儿。特别是受一些影视作品的影响，让曾经低调的"潜伏"摇身一变成为荧屏上正能量，让人恍然不知社会是非观念是否产生了错乱。

　　除了暗流涌动的商界，我们身边也潜伏着不少反间计支持者，有些人甚至用来对付曾经的爱人。黄先生跟妻子结婚十多年，妻子年老色衰，他频频冒出离婚再娶的想法，可是，贤惠的妻子在父母眼中是个好儿媳，在邻居看来是个好老婆，自己单方面提离婚难免受众人唾骂，而且在财产分割中也难以占据优势。一天，电视剧里上演的小三戏码让他灵机一动，他决定花钱雇佣一个花样美男小戴去勾引妻子出轨。小戴仪表堂堂，而且是把妹的高手。黄先生给小戴交代几句后，便放心大胆地开始寻觅下一任女主人候选，骄傲地坐等收网。转眼几个月过去了，一天，黄先生微醺地回到家，只见父母齐坐一堂，神色凝重。妻子率先发话了："我决定了，离婚，这个日子没法过了！"说罢掩面而泣。黄先生心里一阵高兴，小戴成功了，表面上还淡淡地说："离婚？可以，不过，孩子、钱你什么也甭想带走。""你个混蛋……"黄老爷子气急败坏地将他臭骂一顿，黄先生这才明白，事情没想象的那么简单。原来妻子嗅出了问题，便出双倍的钱收买了小戴，小戴见钱眼开，将黄先生的问题交代得一清二楚，并且主动请缨协助妻子收集他寻花问柳的罪证。最终，黄先生完败。

反间计从残酷的军事斗争来到日常生活，注定会跟和平发展的主题相违背。如果人人都在自私的诱惑下离间他人，又在担心反间的摧残下惶惶不可终日，这样的世界会是什么世界，这样的生活会是什么生活？

第34计 苦肉计

苦情戏摧毁了人类最后的良心

计谋指数：★★★★☆
常用指数：★★★★☆
江湖指数：★★★☆☆

　　孟德斯鸠曾说，同情是善良心地所启发的一种感情的反映。善良的人会在别人痛苦时施以援手，这本是温馨美好的事情。有人利用这种善良来博取同情，装无辜装悲情来实现自己的私欲，这种行径被称为"苦肉计"。

　　比较早运用苦肉计的高人中，吴王阖闾就是一个典型。吴王阖闾，小名光，是夫差他爹。春秋后期，他勾结伍子胥玩了一手调虎离山，弄死了前任吴王僚，篡夺王位。前任吴王的儿子流亡他国，其中一个名叫庆忌，在卫国韬光养晦，不断充实势力，准备杀回吴国为父报仇。

　　阖闾整日提心吊胆，他深知庆忌自幼习武，力量过人，勇猛无畏，是一个潜在的绝大隐患，他让大臣伍子胥设法除掉庆忌。伍子胥选择使阴招，他向阖闾推荐了一个智勇双全的勇士，名叫要离。这要离长得矮小瘦弱，阖闾一看，忧心忡忡地说："庆忌人高马大，勇力过人，如何杀得了他？"要离说："刺杀庆忌，要靠智不靠力。只要能接近他，事情就好办。"阖闾说："庆忌对吴国防范最严，怎么能够接近他呢？"要离说："只要大王砍断我的右臂，杀掉我的妻子，我就能取信于庆忌。"阖闾一听，真心感觉太狠毒，不肯答应。要离说："为国亡家，为主残身，我心甘情愿。"

没多久，吴国都城忽然流言四起，责骂阖闾弑君篡位，昏庸无道。吴王下令追查，一查就查到要离身上。阖闾下令捉住要离和他的妻子，要离当面咒骂阖闾。阖闾假借追查同谋，未杀要离而只是斩断了他的右臂，把他夫妻二人关进监狱。几天后，伍子胥让狱卒放松看管，让要离乘机逃出。阖闾听说要离逃跑了，就杀了他的妻子。这件事传遍吴国，闹得沸沸扬扬。要离逃到卫国，直奔庆忌住处，希望追随庆忌报断臂杀妻之仇。看着要离沧桑的老脸，想想他悲怆的经历，庆忌顿时同情心爆棚，毫不怀疑地接纳了他。

要离得到庆忌的信任，成了他的贴身亲信。最后，庆忌羽翼日丰，决定带领大军乘船向吴国进发。要离趁庆忌没有防备，从背后用矛尽力刺去，刺穿了他的胸膛。卫士要捉拿要离，庆忌奄奄一息地说："敢杀我的也算个勇士，放他走吧！"最后，庆忌因失血过多而死。要离虽完成了刺杀任务，但家毁身残，也自刎而死。大赢家阖闾跟伍子胥，却在奢华的宫殿里把酒言欢，对月高歌。

　　想起庆忌以及跟他一样的善良人类，心里顿时一阵酸楚，就好像你前一秒满怀同情地将十元钱递给一个可怜巴巴的残疾大叔，后一秒看见他身形矫健地收工回家。

　　装悲情主角在人类社会中已经是见怪不怪的戏码。即便倡导公平竞技的赛场，也能瞅见这出闹剧。2002年韩日世界杯，阿根廷与英格兰狭路相逢，在第43分钟，英格兰球员欧文在突破对手防线时悲怆地倒地不起。查看视频监控，这家伙狠狠地把自己摔在地上，然后用无辜的小眼神望着对方球员以及主裁判。凭着精湛的演技，欧文成功俘获主裁判以及诸位看官的心，最后，英格兰罚入点球，而阿根廷就此别过韩日世界杯。

　　再看看2003年的一场英超焦点战役，虽然曼联主场0-0平阿森纳，但在比赛的最后关头，上演了一幕驰名世界的精彩好戏：阿森纳球员维埃拉伸脚准备铲球时，曼联球员范尼斯特鲁伊像遭受电击一般摔倒在地，球场顿时一片哗然，无论无辜的维埃拉如何申辩都改变不了曼联点球的判罚。

　　球场上的假摔真真切切地展现了苦肉计的精髓。体育竞技是公平公正的舞台，在这样的舞台上尚且瞅见无数利用苦肉计来欺诈对手与球迷的行径，更别提裁判缺席的社会了。

　　官场上光明正大的贿赂肯定不行，为了逃过纪委的监督，有人贯通古今，也能活用苦肉计。A地产商想贿赂B官员，希望拿到一块潜力无限的地皮。为了成功洗白这笔钱，他找到了B官员的亲属C，签署了两套商品房的购买合同，预付200万。随后A把这两套房子卖给他人！C顺理成章地到法院起诉A违约，经过法院的调解，双方达成协议，A退还C的200万定金并支付 400 万违约金。法院对这个协议结果表示很满意。在完全合法的情况下，B 官员的亲属 C 凭空多了 400 万元，为此 B 官员很开心，一路保驾护航直到 A 地产商拿到那块地皮。在外人眼里，A 可是吃了亏，白白少了 400 万，好不心痛，可是那块地皮不知道让他赚了多少。

就连我们日常生活中，苦肉计都无孔不入。在重庆某区火车站附近，我就曾遇到一对人模人样的年轻夫妻，他们走上前来一脸哀伤地诉说自己的悲惨遭遇："我们老家是宁波的，来重庆旅游，今天正准备买火车票回去呢，结果被扒手偷了钱包，现在身上的钱不够买回家的火车票，还差 17 元，能不能先借我们，回头通过银行把钱汇过来还你……"仔细打量一番这对夫妻，他们慈眉善目，脸上荡漾着点点哀伤，不像坏人，顿时间同情他们的尴尬遭遇。而且 17 元不算太多，要是能成为沙漠里的一杯水何乐不为！想到这里，我就老实巴交地翻了翻钱包，结果没有零钱，都是大人头。于是，我去买了一瓶水，换了零钱，将 17 元递到那对夫妻手中。丈夫接过钱后，皱着眉头说："不是 17，是差 47 元。"而妻子在旁边一个劲儿地说，把你银行卡和电话告诉我们，我们回去了一定还你。看着他们一脸无辜可怜相，不禁怀疑，难道我真的听错了，他刚才说的是 47 元？好吧，又拿出一张 50 元递到那个丈夫跟前，丈夫迅速接过去。当我准备拿回刚才递给他的 17 元时，他机灵地后退了一步，哀求着说："这 17 我们先不还你好不好？留着给我们晚上在火车上买点吃的，一到家就一起给你汇过来。"听到这样的哀求，我顿时间不好意思伸手要那 17 元钱了。一旁的妻子一本正经地道谢，然后记下了我的电话号码，再三表示，他们一到家就打电话联系我并还钱。

可怜的我以为自己做了一次活雷锋，过后想想，不对，他明明说的就是差 17 元，怎么后来变成 47 元了？上网一搜，类似的骗局早就在成都等城市上演过了，我还有朋友在一个地方遇到同一个骗子用同样的骗术骗钱呢。拜托，你好歹也换一下花样啊！当然，那对长得慈眉善目的夫妻就此石沉大海，了无音讯，更别提还钱的事了。

很多人或许都有过这样的经历，走在人头攒动的大街，总会遭遇几个缺胳膊少腿的残疾人，有大人，有儿童；滨江路或广场上，总有可怜兮兮的小孩子，要么后面背着一把吉他，要么前胸抱着一把鲜花，逮着路人就开始央求、撒娇，要路人点一曲或是买一束玫瑰花，不然不撒手；更有奇葩的小朋友，抱着一把报纸装着一脸无辜小清新，声称义卖报纸捐灾区或是贫困山区，十块钱一份，不支持他的"义卖"就鄙视你……

处处都是装出来的苦情大戏，绑架着人类最后的善良，这个社会让人越来越不淡定了。想起了网上一句流行语：世界上有一种冷漠叫熟视无睹。当人们在虚假的苦情大戏中来回穿梭变得冷漠麻木时，那些真正遭遇天灾人祸需要社会伸出援助之手的人将何去何从？

第 35 计 连环计

脚下到处都是坑

计谋指数：★★★★☆
常用指数：★★★★☆
江湖指数：★★★☆☆

挖一个坑让人跳就已经够无耻了，挖 N 个坑让你跳完一个还有一个，这就是古人美其名曰的"连环计"。

什么是连环计？我们且先看看古人的做法。

前面我们说到周瑜用一招反间计，让曹操怀疑并杀害了精通水战的大将蔡瑁、张允，一群旱鸭子因此不知如何攻下东吴而僵持在对岸。为了尽早解决东吴之患，周瑜决定下狠招。他跟黄盖约好上演了一出双簧，两人假装就作战方案达不成共识而发生口角，然后气急败坏的周瑜让人军法伺候黄盖，打得黄盖皮开肉绽，屁股开花。

这出苦情戏演完了，黄盖就名正言顺地让自己手下搭上曹操，传达了自己对周瑜的痛恨，想投靠丞相以报羞辱之仇的愿望。曹操不是傻子，担心是计，不敢轻信，于是暗中派人查探虚实。探子把黄盖被揍的经历描述得淋漓尽致，一把年纪了，不容易！于是，曹操一面跟黄盖联系，暗中约定：让黄盖养好伤带领自己的部下偷渡过来，来时在船上插上青牙旗。曹操还不放心，又派蒋干去周瑜那儿核实情况。

　　蒋干驾着轻舟过江，又打着老朋友的旗号看望周瑜来了。此时，周瑜正跟鲁肃研究作战方案，正纠结如何顺利将庞统送入曹营，为他们的火攻铺路，蒋干就自己找上门了。周瑜眼珠子一转，拉着一张马脸见了蒋干，开口就骂："姓蒋的，你也太黑心了，我当你是朋友你当我傻帽，偷我公文，坏我好事。来人，给我扣下，丢到西山庵堂里，我要你好好看我怎么破曹贼！"周瑜打发了蒋干，赶紧冲到庞统跟前交代事情，并将庞统安顿在西山庵堂旁边一座草屋里。蒋干被俩小兵押到西山庵堂里囚禁起来，整日闷闷不乐，寝食难安。无聊到不行了，他就沿着小路散步，突然听见阵阵读书声，循声而去，看见悬崖边一座简单的草屋里，一个精神抖擞的家伙正用心读着兵法。此人正是凤雏先生庞统，蒋干激动地跟庞统大聊特聊，庞统把周瑜自以为是的行径大骂一番，然后感叹："想找一个好BOSS怎么就这么难呢？"蒋干劝庞统跟自己走，咱们曹丞相，求贤若渴。

　　于是，两人趁机逃回了曹营。蒋干在曹操面前好好夸了一番庞统，外加庞统早有盛名在外，曹操没有多想，跟捡了一宝贝似的，赶紧请教攻下东吴的计策。庞统献计，用铁链把战舰都连起来，如同水上小岛，旱鸭子就不晕船了，就可以发挥八十三万曹军强大的作战实力了。曹操觉得很有道理，下令照做。之后一个月黑风高的日子，黄盖偷偷带领一支满载火油的船队，插着青牙旗向曹军驶来，曹操虽然怀疑黄盖的投降，可是没有足够证据，没有下令攻击。等黄盖点燃船队，趁着东风冲杀过来的时候，曹操才着急，赶紧让人把船与船之间的铁链分来，可惜晚了，最后输得一塌糊涂。

此时我们算是明白了，连环计就是将各种计谋手段有效地整合起来，让目标陷入自己精心准备的陷阱中，进也中招，退也中招，站着不动还中招。说到连环计的运用，不能不提很多诈骗团伙，他们将此生仅有的脑细胞都用在研究骗人上了。为了骗人，他们甚至实现了专人专职的流水化作业。

小王是一名大三的学生。暑假期间，她一个人呆着家里无所事事，突然座机响了，是10000号打来的，小王抓起听筒，甜美的系统提示音告诉小王，该电话欠了电信几万元的话费，再不交话费，他们将到法院控告小王一家。小王的父母不在家，她被突如其来的事情吓得没了主见，家里的电话是包月的，怎么可能会有几万的欠费呢？还好这电信比较人性化，主动提示她可以通过人工查询清单，看看是不是弄错了。小王毫无怀疑地根据提示点了数字9，联系了工作人员。工作人员查了一下，表示小王父亲的身份证被人冒用，在深圳开通了一个电话，而且该电话常常拨打国际长途，所以，欠了巨额的电话费。随后，工作人员好心地说："我帮你报警吧。"

不一会的功夫，电话又响了，对方自称是某地的警员李某某，还让小王通过114核查一下电话，证实该电话是某地派出所的电话。经过 114 的核查，小王卸下心防，对这个李警官深信不疑。李警官对小王说，他父亲的银行卡涉嫌洗钱。接着出场的，是检察院的胡检察官。对方说，小王要洗脱嫌疑，必须按他说的办，不能跟任何人联系，不能接听电话，否则就有人来抓她。小王被这种诈骗手段忽悠得一愣一愣的，真以为哪个万恶的家伙复制了老爸的身份证办了银行卡在洗钱！

在小王心急如焚的时候，胡检察官语重心长地说："我也相信你是无辜的，但是常规上我们要查一查，按惯例，要将你名下银行卡里的钱先冻结一段时间，操作方法我给你说……"胡检察官让她把家里的钱存到指定的银行卡里，这个银行卡是他们警察局金融犯罪科专门弄的，绝对安全。小王脑残地相信了，把家里的 16400 元存到对方提供的银行卡号里。

这时候，小王父亲的手机也响了起来，显示的号码正是小王的，但电话那头却是个陌生男子。陌生男子阴森地告诉他："你女儿在我手上，给我打几万元钱来，否则我会让你后悔一辈子。"老王被唬得六神无主，怎么也联系补上女儿，情急之下决定报警。

等民警查清楚，才发现，这年头，流氓不可怕，就怕流氓有文化。骗子用改号软件，将来电显示改成公检法向外公布的公开号码，以打消防范意识。然后再一层层地击溃受害人的心里防线，使其乖乖地将钱送上。

遇到这类专业诈骗手段，一个坑接着一个坑，再精明的人都难免上当，想不沦陷都难。骗子们的演技炉火纯青，冒充公检法，冒充网恋女友……分分钟入戏，有的还能一秒变老板，把员工耍得团团转。

　　A把目光锁定在大型公司身上。很多公司为了扩展影响力，建立了自己的官方网站，上面可以轻而易举地查到法人代表以及公司的外联QQ等。A非常细心地搜索了目标公司的相关信息，冒充公司老板张总给外联QQ发了一条信息："我是张总，请速把公司通讯录发给我。"负责外联的员工小何是基层员工，平时很少接触老总，看见老总亲自给她发消息，顿时受宠若惊，立马就将公司的通讯录发了过去。

　　过了不久，张总又发来一条消息："小何，你给管财务的陈主任说一下，我用这个QQ联系他，有事。"小何没有多想，赶忙通知财务主管陈某。看到是公司同事的传话，陈某自然没有怀疑，添加了"张总"为好友。A用交代的口吻说："小陈，我刚刚为公司购买了一套软件，需要转账支付，你给出纳小李说一声，让他尽快转17800元到银行账号里，尽快。"老板的指示小陈自然不敢怠慢，立即电话联系出纳，按张总的意思尽快办理。等到正牌张总出现在公司时，陈主任向他汇报，张总一脸惊恐："你开玩笑呢？我没买软件。"公司迅速报警，最终逮到了A。

　　遇到这样的计中计，难免失足。损失钱财倒是小事，要是遭遇残忍的奇葩玩家，生命都可能不保。曾在网络上见到这样的血泪控诉，小吴是如花少女一枚，没事喜欢将自己的美照PO上微信跟大家分享。一天，她刚走出地铁，几个强壮的男子从四周蜂拥过来，其中一个凶神恶煞地叫嚣："死婆娘，吵个架就离家出走，赶紧跟我回家。"小吴一头雾水，被几个壮汉连拖带拽地架出了地铁站。小吴心里一紧，八成是遇到坏人了，急忙朝路人求救，不料其中一个渣男从包里拿出一张她的照片给路人看："看看，她是我媳妇不？卷着我的钱跟别的男人跑了，把我爸妈气得进了医院。这贱人！"路人信以为真，不再搭理。小吴急得快泪奔了，要是被他们带到什么偏僻的地方，那才是叫天天不应，叫地地不灵呢！她使劲挣开几个壮汉的手，撒腿就跑。这会儿，一个中年妇女一把拽住她问："姑娘，你真不是他媳妇？"小吴就像抓住救命稻草一般使劲点头，中年妇女一脸正气地说："行，上车，我送你回家。"后面的渣男穷追不舍，小吴立马上了中年妇女的车，甩掉了几个渣男。此时的小吴对中年妇女感激万分，中年妇女跟她寒暄几句，顺手递给她一瓶矿泉水，小吴喝了几口就感觉天旋地转，晕死过去。等她醒来才发现，几个渣男跟中年妇女是同伙，正准备把她卖进狼窝。

为了一点蝇头小利，设 N 多局中局、计中计连环骗人，这就不仅仅是无耻二字可以说清的了。直斥其为流氓，毫不为过。

第 36 计 走为上
年度最佳人气获得者

计谋指数：★★★★☆
常用指数：★★★★★☆
江湖指数：★★★★☆

　　计谋三十六强中最高人气奖获得者就是走为上，获奖原因毋庸置疑，"三十六计走为上计"早已是不少人的口头禅，它的粉丝小到肚里怀，老到土里埋，影响力无论广度深度都让其他计谋望其项背。

　　走为上，这条计谋得追溯到《南齐书·王敬则传》。王敬则是南朝著名的军事家。南朝政权更替频繁，先后经历了宋齐梁陈四个朝代。时势造英雄，王敬则曾协助老大灭掉刘宋政权，建立萧齐王朝，汗马功劳让他历任重职。后来，齐明帝萧鸾忧虑他功高盖主，企图弄死他。可惜王敬则手握重兵，要弄死他不是件容易的事情。永泰元年，明帝病重，为了给自己那个没出息的儿子铺平帝王路，暗中部署兵力，密防王敬则叛乱。王敬则一看这架势，心想老子为你们萧家打下偌大江山，这会儿你想过河拆桥，门都没有。他干脆一不做二不休，反了。

王敬则在马背上折腾了半辈子，领军打仗那是他的拿手好戏，朝中压根没有人能跟他抗衡。起兵后不久，他便带领大军一路攻到帝都城下。满朝文武被震得一愣一愣的，没了主见。明帝那没出息的儿子东昏侯萧宝急得团团转，赶紧派人上房顶打探情况。当时碰巧一个叫征虏亭的地方失火，火焰冲天，那人以为是叛军攻过来了，忒没出息赶去告诉东昏侯。萧宝不管三七二十一，卷着铺盖就准备开溜，怂得前无古人后无来者。探子将这事告诉了王敬则，已经年过七十的王敬则嘲笑道："古代的檀公有三十六个计策，其中的上策就是跑路，如今萧家父子那个怂样，早就猜到会这样。"

"三十六计走为上计"是王敬则用来嘲笑跑路的萧家父子的话，而今却成了万千跑路客的口头禅，而且似乎没有对跑路的鄙视与不齿，却多了一份理所应当。在残酷的战争年代，实力不济为保全实力选择撤退情有可原，但是在和平时代，逃避责任就是流氓行径，只会让人各种鄙夷。

就说生意场上，A决定成立某基金，因为在业类小有名气，融资得到了很多国企以及电视台等单位或个人的支持，集结了上亿资金。不料，人算不如天算，就在A开始基金筹备工作此时，他的公司因资金周转不灵而面临破产。为了挽救公司的颓势，A挪用了部分筹建基金的资金注入公司。可是问题就像多米诺骨牌的倒塌，一个接着一个，容不得他缓一口气。就这样，基金尚未筹建起来，募集的资金就被他挪用得差不多了。眼看成立基金的梦想要灰飞烟灭，事办不成，别人的钱得还，可哪里还有那么多钱来还呢？当然是三十六计走为上计。为了防止别人找女儿还钱，他还跟唯一的女儿断绝了父女关系。然后逃到国外开始了举目无亲的生活。

人的道德高低只有在生存困境中才能鉴别。挪用资金已经大错特错，没想到最后关头还要逃避责任。为了保住自己的自由与钱财，他情愿选择牺牲难能可贵的友情与亲情！

再说说某市的一家维尼英语培训学校，风风火火打广告招学生，天花乱坠地吹嘘学校本着不抛弃不放弃的原则，选择最优良的教师给予孩子们最负责的教育。不料，预收了一年的学费，上了几个月课后，学校面临严峻的资金问题，难以为继。负责人一个头两个大，再经营下去，高昂的场地费、教师工资以及各种工商税务会让他血本无归；要是宣布破产，必然要退还预收的学费并支付受聘教师的工资以及遣散费，这可不是一个小数目。最后，他连夜找来搬家公司，将学校所有值钱物品都搬走，关闭手机玩失踪。

到了周末，学生在家长的陪同下来到学校，一等几个小时不见开门，教师们也是一头雾水。透过厚实的钢化玻璃瞅见，办公室、教室像是被扫荡过一般，办公桌、课桌、电脑全不见了踪影。物管告诉他们，这家学校的老板没有续交场地费、物管费，可能是不办了或者是转移地方了。拨打老板电话，电话关机。有些家长不理智地将气撒在教师身上，教师们也很委屈："自己什么都不知道，学校还欠着我们三个月的工资呢！"

有些人做了对不起别人的事情，好歹还有一点不安，良心没有完全泯灭。有些人骨子里却住着一个流氓小人，面对过错他们首先想到的是如何保住自己的利益，根本不管其他人的死活！灾难来袭，有的教师头也不回地抛下年幼的学生落荒而逃；年关临近，有的包工头带着农民工满心期待的工资人间蒸发；面对公安机关的追捕，传销头目卷着诈骗而来的金钱转战下一座城市……为了保住自己的利益，他们什么事都做得出来。

走为上，遇到难题不解决，昧着良心逃避责任，它如同病毒一般侵蚀着人类的灵魂。很多人在面对问题或是困境时，"跑路"已经成为一种本能反应。

半夜，小王和朋友各自驾着车行驶在柏油公路上，因为往来车辆稀少，他们决定上演一部真人版的《激情与速度》，否则对不起体内那颗躁动的少年心。他们猛踩油门，一会儿摇摆车身走"S"型，一会漂亮地回旋出"B"型，那畅快感贯穿着每一个毛孔，每一根神经。突然，"嗖——"的一声，有什么东西从小王车前飞出去了，撞人了……小王和朋友立马下车检查，被撞的是个骑自行车的年轻人，自行车已经被撞成一块废铁，旁边满地鲜血。年轻人迷迷糊糊哀求道："救我，救我——"看到他还没死，小王和朋友深深松了一口气。

"报警吧！"小王的朋友说。

"你想害死我！报警我就死定了！"小王叫嚷，"而且，你……跟我一起飙车，到时候你也跑不掉的。"

"那怎么办？"

"走，三十六计走为上计，走。反正没人看见，还有几个小时就天亮了，到时候有人看见他，会送他去医院的。"小王说罢，拉着朋友上了车，迅速消失在黑夜里。可怜了这个下了夜班骑自行车回家的小青年，等到天际翻出鱼肚白，过往的行人看见他时，已经因失血过多而死了。

经济在发展，科技在进步，车辆成了我们生活中不可或缺的交通工具，同时也变成了公路上巨大的绞肉机。意外在所难免，关键是意外发生时，你该如何面对？遇到事故时，不少人都选择三十六计走为上计，肇事逃逸每天都在上演。生命当真如此儿戏？良心是否真的荡然无存？跑路为上，不仅遮蔽了万千逃逸的肇事司机的良知，也遮蔽了人性对生命应有的尊重。

后记 ━

　　经过一段时间的酝酿与思考，这本书终于成型。说实话，仔细地推敲各个计谋的内核时，让我对《三十六计》仅存的一丝好感荡然无存。读书分很多种，有的草草瞄过，不求甚解；有的字斟句酌，仔细推敲；有的兼而有之，或详或略。在《三十六计》身上，这些方法我都用过，从书店里买到这本传说中的古代兵法，草草浏览一遍，在"古代兵法遗产"这一先入为主的印象下，难以揪出其中的不足，一味的好评如潮。直到后来鬼使神差地捧上深究，突然发现，这货不如想象中那么高大伟岸，顿时有一种后悔购买的挫败感。深入思考这本书的价值与思想内核，方才体会到它所传递的负能量是如此满格。特别在参阅了其他相关的书籍之后，个人对它以及它的继承者表示很鄙视。

　　他们似乎就是把坑蒙拐骗的经验加以升华并提出相关的生

活案例，生动形象地告诉大家，看，我用计谋成功坑害了对手，实现了自己的目的。这种行径与态度不正是流氓专属吗？没有人会在脸上写着"流氓"俩字来标识自己，但是思想与行为上可以真实地体现出一个人的流氓特性。曾经，一位长者告诉我，区别能人与庸才的方法是看他们的敌人是什么等级，区别君子与小人的方法是看他们如何对待自己的敌人。世界上，没有永恒的友谊，只有永远的利益，这话或许残酷，但是从某个角度来说，的确是真相。人对人的态度与方式没有例外，今天他能用卑鄙手段对待敌人，明天，当你们利益出现冲突时他也会用卑鄙的手段收拾你。

不过，话说回来，计谋的成功率并不像预想中那般美好。中国人骨子里有一种教育思想，就是四两拨千斤，把成功寄托在小概率事件上。大家往往自动忽略失败的千千万万，只要有一小撮人成功了，便对这种手段横加吹捧，最终导致更多人义无反顾地变成失败的那千千万万，然后继续被忽略。谁能保证自己一定是成功的那一小撮？用计坑害善良大众的家伙或许会赢在一时，却输在一世。从古自今，物以类聚，人以群分，善良的人与善良为伴，坑爹大神与邪恶为伍。当你选择成为坑爹大神，在短时间里，或许牛气轰轰，但是长远一看，善良的朋友都离你远去，身边留下一片心狠手辣的计谋达人。一山更比一山高，终有一日，你会败在更牛掰的高人手里，然后孤零零地凌乱。而善良的人就算一时失利，被计谋坑害了，也不过是社会的邪恶给他们上了一课而已，生活继续。

当然，害人之心不可有，防人之心不可无，我们反对计谋在现实生活中横行霸道，自然也应提醒大家小心提防坑爹达人的损招。其实，深究下来，《三十六计》的骗术貌似花样百出，但剥去浮华的外衣，里面只有简单的四个核心——坑蒙拐骗。为此，笔者冒昧地总结几个建议，希望有助于大家提高抗坑性能。

• 切记天道酬勤，天上不会掉林妹妹，更不会掉馅饼，任何好处都是用付出换来的，有的先苦后甜，有的先甜后苦。世界是平衡的，光享受好处而不付出，这种事情不存在，因为它有悖世界的平衡。

• 提防那些突然对你很热情的陌生人。当然，我们身边也有热心的活雷锋，真金不怕火炼，当他是真金，反复实验之后自然可以淘汰那些居心不良的坏胚子。特别有些貌似好友的家伙，一脸严肃地说你信不过他之类的话语时，你更要将他当作真金好好试验。真正的好友不会轻易用语言怀疑你们之间的友谊与信任。

• 尽力戒贪嗔痴。人非圣贤孰能无过，特别是贪嗔痴之类的恶习，是刻在人类骨子里的弊病。我们往往被坑，就是因为居心叵测的人看透了人性骨子里的这点陋习。因为贪小便宜，所以上当受骗；因为痴迷，所以被骗子牵着鼻子走。当然，说戒也非一朝一夕之事，为此，多读一些让人气定神闲的书籍很有意义。

• 提防那些苦情大戏的主角儿，不要轻易同情心泛滥。这样或许让人觉得冷漠无情，但是，曾经一位商场的朋友告诫过，可怜之人必有可恨之处。而且人往往会趋利避害，积极掩饰自身的缺陷而彰显优势。这些苦情大戏的主角儿们主动展现自己的悲怆人生，不是准备坑你就是需要心理医生。

• 凡事多问几个为什么，凡事多找几个信得过的亲朋好友商量。不要刚愎自用，自以为是。三个臭皮匠赛过诸葛亮，大多数坑爹伎俩都有漏洞，多问自己为什么，多寻问亲朋好友的意见，便于自己清醒头脑，识破骗局。